© 2016 Ingo Körner

Verlag: tredition GmbH, Hamburg

ISBN

Paperback   978-3-7345-4951-9

Hardcover   978-3-7345-4952-6

e-Book   978-3-7345-4953-3

Printed in Germany

Ingo Körner

Denkarbeit

Vorwort

Die Idee, Denkarbeit als solche zu betrachten und zu optimieren, entstand aus der Beobachtung identischer Probleme bei vergleichbaren Formen von Arbeit in völlig unterschiedlichen Branchen. Dabei verwenden wir die Begriffe Denkarbeit, Arbeit mit Informationen und Wissensarbeit synonym.

Tatsächlich beschäftigen sich Millionen von Menschen in Deutschland mit der Erzeugung von Informationsprodukten wie Angeboten, Entscheidungsvorlagen, (Termin-) Plänen, Berichten, Verträgen, Konzepten, Gutachten, Konstruktionszeichnungen oder Patienteninformationen. Sie studieren, lehren, leisten Seelsorge oder sind als Führungskräfte tätig.

Zukünftig wird der Anteil der Denk- oder Wissensarbeit an der Wirtschaftsleistung stetig zunehmen. Galten wir bereits in der Vergangenheit als Land der Dichter und Denker, nehmen wir auch in der globalen Arbeitsteilung zunehmend die Rolle der Dienstleister, Problemlöser, Erfinder und Projektexperten ein, während sich die industrielle Massenproduktion mit ihrem hohen Anteil gewerblicher Arbeit auf den langen Marsch über Osteuropa und Asien nach Afrika begeben hat.

Aufgrund der besonderen Bedingungen bedarf es geeigneter Konzepte, um die Arbeitsbedingungen und Ergebnisse von Denkarbeit zum Besseren zu verändern. Dabei versuchen wir aufgrund der Größe vieler Denkbetriebe, Methoden der industriellen Produktionsoptimierung im Kleid der jeweiligen Branche - so zum Beispiel als Lean Banking oder Lean Legal - anzuwenden, statt uns anzuschauen, wie wir mit Denkarbeit im privaten Alltag und in sozialen Kleingruppen wie Vereinen, Handwerksbetrieben oder Start-ups erfolgreich umgehen, und dieses Wissen (wieder) in unsere Büros zu übertragen.

Dieses Buch beschäftigt sich in einer Sammlung von Beiträgen mit den Facetten der erfolgreichen Organisation von Denkarbeit und unterbreitet den Lesern Denkangebote, wie sie ihre eigene Arbeit und die ihrer Mitarbeiter erfolgreicher gestalten können.

Sie alle entstanden im echten Leben, im Verlauf der täglichen Verbesserungsarbeit der vergangenen acht Jahre.

Inhaltsverzeichnis

Kapitel 3 - Unsere Denkarbeit

Kapitel 4 – Denkarbeit optimieren

Kapitel 1
Denkarbeit

Erfolgsfaktor der Zukunft

Die Lean Office Studie 2010[1] des Fraunhofer Instituts für Produktionstechnik und Automatisierung (IPA) schätzt das Ausmaß der Verschwendung in den Büros unserer Industrieunternehmen weiterhin auf knapp 27% aller geleisteten Arbeitsstunden. Während unsere Produktionen mit ihren sichtbaren Werkstücken in den vergangenen Jahrzehnten vielen Optimierungswellen unterzogen wurden, blieb die Optimierung der Verwaltungen und Büros bisher ein weitgehend brachliegendes Entwicklungsfeld.

Woran liegt das? Zunächst gibt es historische Gründe. Im 20. Jahrhundert dominierten Produzenten, die versuchten, immer größere Stückzahlen zu immer niedrigeren Kosten zu produzieren. Die Jünger des Taylorismus zerlegten jede körperliche Arbeit in Einzelbewegungen, maßen und kombinierten sie nach jeweiligem Erfordernis. Industrielle Vorgabezeiten schafften den Eindruck der Messbarkeit und ingenieursmäßigen Optimierbarkeit von Arbeit. Bei klassischen Industrieunternehmen arbeiten 60% bis 70% aller Mitarbeiter in diesem sehr homogenen Arbeitsumfeld. Damit erschien die Optimierung der Produktion auch unter Priorisierungsgesichtspunkten deutlich vielversprechender als die der Vielzahl von Verwaltungsabteilungen, die für sich reklamieren konnten, sehr klein und außerdem ganz anders als die Produktion zu sein.

---

[1] Fraunhofer Institut für Produktionstechnik und Automatisierung (IPA), Lean Office Studie 2010, http:// www.fraunhofer.at/de/presse/ pressearchiv/studie_lean_office.html

10

Und tatsächlich, wer schon einmal versucht hat, mit gängigen Methoden eine Verwaltungsabteilung zu optimieren, wird sich an die Schwierigkeit der Leistungsmessung oder Festlegung von Kennzahlen sowie an die immense Aufgabenvielfalt erinnern. Und daran, wie schwer die Verschwendung zu greifen ist. Kein Wunder, denn Büroarbeit ist Denkarbeit. Zur Aufgabe gehören mehr Informationen, als auf einem Arbeitsplan Platz ist. Vieles muss mit Kollegen abgestimmt und mit ihnen gemeinsam bearbeitet werden. Denkarbeit ist schlicht nicht sichtbar, ändert sich schneller als ein Produktzyklus in der Produktion und Arbeitsergebnisse können nicht bewertet werden, ohne sie zu lesen oder sich selber einzudenken. Dabei wird die für die Bearbeitung und Beurteilung erforderliche Zeit stets von den jeweiligen kognitiven Fähigkeiten der handelnden Personen bestimmt.

Damit ist klar, dass das ingenieursmäßige Zerlegen und optimierte Zusammenfügen körperlicher Bewegungen, das Verkürzen von Wegen oder Standardisieren von Prozessen bei der Optimierung von Denkarbeit an Grenzen stoßen muss. Und damit das aus der Produktionsoptimierung stammende Instrumentarium.

Aus diesen Gründen fristen die deutschen Bürokunden auf der Referenzliste großer Unternehmensberatungen noch immer ein Schattendasein. Das ist deshalb bedenklich, weil im Zuge der Digitalisierung und Globalisierung der Handlungsdruck stark gestiegen ist.

In Zeiten der Vernetzung und online-Leistungsfeedbacks verbreiten unzufriedene Kunden ihre negativen Nachrichten in Windeseile rund um den Globus. Fehler, schlechter Service oder Unfreundlichkeit verwandeln sich mit einem Klick in Todesurteile.

Noch wichtiger ist aber die weltweite Verschiebung von Wertschöpfungsanteilen. Während die Massenproduktion und administrative Routinetätigkeiten in Niedriglohnländer verlagert werden, verbleiben in Deutschland überwiegend Dienstleistungen und Arbeitsplätze, die viel Originalität, technisches und theoretisches Können sowie soziale Kompetenz erfordern. Damit werden Kreativität und Problemlösungskompetenz der Mitarbeiter in den Mittelpunkt unserer Arbeitswelt rücken.

Das bedeutet, dass die Arbeit mit Informationen bei uns zukünftig dominierend sein wird. Die bei Großunternehmen „indirekte Bereiche" genannten Abteilungen werden ebenso zum Kern der Wertschöpfung, wie das von Natur aus bei Dienstleistungsunternehmen, Kanzleien, Arztpraxen und Handwerksbetrieben der Fall ist. Wer sich in der Zukunft von seinen lokalen oder weltweiten Wettbewerbern abheben will, muss sich dadurch Vorteile verschaffen, dass er die Verschwendung bei der Arbeit mit Informationen entschlossen reduziert.

Dabei wird die Optimierung zunehmend durch die Rahmenbedingungen unserer Zeit erschwert. Viele Unternehmen sind in ihrer Suche nach Skaleneffekten so stark gewachsen, dass ein wahrer Ameisenhaufen an Fachabteilungen zu koordinieren ist. Mit zunehmender Entfernung zum Kunden ist die Kundenorientierung bei vielen Mitarbeitern verkümmert.

Der hohe Koordinationsbedarf hat auch dazu geführt, dass viele Manager gar nicht mehr in der Lage sind, selber Kundenprobleme zu lösen. In großen Gesprächskreisen verhandeln sie darüber, welches die richtigen Entscheidungen sein könnten, während ihre Mitarbeiter Arbeitsberge jonglieren, mit den kleinen Ärgernissen des Alltags kämpfen und vielfach die Identifikation mit ihrer Arbeit verloren haben.

Gängige Managementpraktiken wie Planstellen oder Budgets haben die Kapazitätsanpassung bei Auftragsspitzen nahezu unmöglich gemacht. Rückstände, hohe Arbeitsbelastung, Hektik und Fehler sind die Folge.

Die Digitalisierung hat zugleich die Informationsverarbeitung beschleunigt und die Informationskanäle derart vervielfacht, dass viele Aufgaben gleichzeitig bearbeitet werden müssen und ständige Störungen an der Tagesordnung sind. Der Arbeitsalltag hat seine klare Struktur verloren, die ihn früher ausgezeichnet hat. Hinzu kommt die zunehmende Verschmelzung von Arbeit und Privatleben. Multitasking und gesunkene Aufmerksamkeit sind die Folge, was wiederum Arbeitsfehler und Nachlässigkeiten befördert.

Neue Arbeitsmittel wie E-Mail kamen über uns und niemand sagte uns, wie diese vernünftig zu nutzen sind. Also legten wir einfach mal los und schickten unsere Rückfragen, Entscheidungsbedarfe oder Kritik mit einem Mausklick um die Welt, und um sicher zu gehen, dass wir auch eine Antwort erhalten, an möglichst viele Empfänger. Und so sind wir ein Stück weit selber verantwortlich für unseren überfüllten Posteingang, das beliebte

E-Mail-Ping-Pong und so manchen Konflikt mit den Kollegen.

Damit wird das Ausmaß der Aufgabenstellung erkennbar und die Dunkelziffer verschwendeter Arbeitsstunden geht vermutlich weit über die Schätzwerte der Studienteilnehmer des IPA hinaus. Es wird Zeit, sich der Optimierung der Arbeit mit Informationen in Büros und Verwaltungen zu stellen, um die Wettbewerbsfähigkeit der deutschen Unternehmen entscheidend zu stärken. Lean Office Beratung und der geschickte Transfer bekannter Lean Prinzipien auf die Arbeitswelt der Wissensarbeiter werden hierbei einen entscheidenden Beitrag leisten.

Die Gedanken sind frei

In Unternehmen, gleich welcher Branche, gibt es zwei Grundformen von Arbeit: Handarbeit und Denkarbeit. Optimierungen erfolgen traditionell in der (Massen-) Produktion, der Welt homogener standardisierter Handarbeit. Das gängige Lean Instrumentarium umfasst Methoden wie 5S, Kanban, Kennzahlen, KVP-Kultur, Poka Yoke, Prozessstrukturanalyse, Shopfloor Management, standardisiertes Arbeiten, Tätigkeitsstruktur- und Wertstromanalysen.

Die Optimierung zielt im Prinzip darauf ab, den jeweils besten Weg zu suchen, diesen zum Standard zu erklären, durch Zwangsführung und Ordnung Fehler zu vermeiden, mit Kennzahlen Abweichungen transparent zu machen und damit die Voraussetzung für schnelle Gegenmaßnahmen vor Ort zu schaffen.

Und was in der Handarbeitswelt überzeugend funktioniert, muss auch in der Büroarbeitswelt gehen. Lean Production und Lean Office, das ist doch dasselbe, nur in unterschiedlichen Gebäuden. Oder?

Dieselben Rezepte wie in der Produktion können aber nur da helfen, wo die Bedingungen vergleichbar sind, wo Arbeit ebenso homogen, standardisiert und sichtbar ist. Und wo Denken und Handeln ebenso voneinander getrennt sind wie in der industriellen Massenproduktion.

Das ist höchstens bei Routinetätigkeiten, also *standardisierter* Denkarbeit der Fall, beispielsweise im Volumengeschäft der Buchhaltung und Auftragsabwicklung von Konzernen, Banken oder Versicherungen.

Damit aber nicht vergleichbar sind die Bedingungen *kreativer* Denkarbeit, welche tatsächlich die dominierende Form ist, denn sie wird überall dort geleistet, wo Probleme gelöst werden, wo beraten, organisiert, verkauft, verhandelt, Neues geschaffen oder geführt wird.

Anders als in der Produktion verfügen kreative Denkarbeiter über sehr unterschiedliche Talente, Erfahrungs- und Ausbildungshintergründe, was mitunter die Kommunikation miteinander erheblich erschwert. Der Erfolg ist in hohem Maße von der Sozialkompetenz der Teammitglieder abhängig. Aufgaben und Lösungswege sind selten identisch und damit kaum plan-, standardisier- oder gar messbar. Überraschungen sind an der Tagesordnung, sei es in Form neuartiger Aufgabenstellungen, veränderter Parameter oder überraschenden Verhaltens von Kollegen, Kunden oder Lieferanten. Arbeitsfortschritt und Ergebnisse sind nicht greifbar oder transparent und oft nur rudimentär dokumentiert. Zudem lässt sich Denkarbeit immer weniger räumlich und zeitlich in ein starres nine-to-five-Korsett sperren.

Ob wir es uns eingestehen wollen oder nicht, in kreativen Denkbereichen muss das gängige Lean Instrumentarium ins Leere laufen, denn hier dominiert der Grundsatz *die Gedanken sind frei*. Es gibt keine Massenprodukte, Vorgabezeiten, Zwangssteuerung oder Funktionsprüfungen. Verlauf und Ergebnisse der Arbeit hängen vielmehr vom Einzelfall, vom Umfeld, von der Kommunikation, der Sorgfalt und nicht zuletzt der Motivation der Beteiligten ab.

Es geht deshalb um nicht weniger, als den Mitarbeitenden optimale Bedingungen zu bieten und sie zu motivieren, sich freiwillig und im eigenen Interesse einen effizienten Arbeitsstil anzugewöhnen und diesen nachhaltig beizubehalten. Deshalb muss die Optimierungsinitiative zunächst die Beteiligten und ihre Führungskräfte für sich gewinnen. Um Skepsis und Ängsten wirksam zu begegnen, müssen die Effizienzgewinne den Beteiligten zugutekommen. Damit bietet sich die Lean Office Optimierung vornehmlich in Wachstumsszenarien oder Situationen mit schwankendem Arbeitsanfall an.

Das bedeutet nicht, dass eine erfolgreiche Lean Office Einführung auf Standardisierung im Sinne gängiger Lean

Optimierung verzichten würde. Aber das ist jeweils nur der erste Schritt, der mitunter nicht viel bewegen wird. Zusätzliche Optimierungsbausteine sind erforderlich, die dem Wesen kreativer Denkarbeit Rechnung tragen und die die Arbeit auch bei neuartigen Aufgaben, eingeschränkter Planbarkeit und Überraschungen im Fluss halten.

Damit wird klar: Lean ist doch nicht Lean und die erfolgreiche Lean Office Optimierung kreativer Denkarbeit ist so etwas wie die hohe Schule der Lean Optimierung.

Unter der Wasseroberfläche

Sobald wir erst einmal den Entschluss gefasst haben, der Verschwendung in Büro und Verwaltung den Kampf anzusagen, überlegen wir uns, wie wir das angehen wollen. Nach herkömmlichem Ansatz suchen wir uns einen renommierten Berater, der eine Zeit lang das muntere Treiben in unseren Büros beobachtet und im Anschluss einen Bericht mit Verbesserungsvorschlägen erstellt. Den beschließen wir dann als Management und ordnen die Umsetzung an. Fertig. Ist doch wie immer, oder?

Nun, das ist sicherlich ein Anfang, denn wir kommen miteinander ins Gespräch, wie Verschwendung in Büros entsteht. Aber nur wenige Verschwendungsformen sind tatsächlich beobachtbar. Dazu gehören Störungen, Abwesenheiten vom Arbeitsplatz, Laufwege, Suchaufwand bei offensichtlicher Unordnung, nicht geeignete oder instabile Tools, offene Konflikte sowie die erkennbar fehlende Struktur von Meetings.

Ähnlich wie bei einem Eisberg liegt aber der größte Teil der Verschwendung in Büros „unter der Wasseroberfläche" und ist nicht beobachtbar. Einen Teil davon können wir im Gespräch mit den Mitarbeitern herausfinden, indem wir sie fragen, ob es Mängel gibt, die wir beim Zuschauen nicht entdecken konnten, ob bei Aufgabenstart alle Informationen vorliegen, ob sie von Zeit zu Zeit zum Aufgabenwechsel gezwungen sind oder wie sie mit Wartezeiten umgehen. Ob ihnen die Ergebnisse eines Meetings weiterhelfen und ob sie mit Suchaufwand in Dateien, Zeichnungen und Dateiablagen zu kämpfen haben. Und wir können sie fragen, ob es unnötige Prozessschritte und Abstimmungen gibt, Vorgänge standardisierbar sind oder sie andere Verbesserungsvorschläge haben.

Allerdings werden uns die Mitarbeiter aus ihrer Perspektive berichten. Und da beginnen die Schwierigkeiten. Sind ihnen Mängel überhaupt bewusst? Und wie sollen sie die mögliche Überflüssigkeit von Handgriffen oder Tätigkeiten einschätzen, wenn sie nicht wissen, wofür sie an anderer Stelle im Unternehmen möglicherweise dienen? Oft werden die Gespräche auch davon geprägt sein, dass die Mitarbeiter einen guten Eindruck vermitteln wollen oder fest davon überzeugt sind, dass sie ihre Aufgaben bestmöglich erledigen und eigentlich nur die anderen schuld sind. Haben sie obendrein Zweifel an der Motivation unserer Untersuchung, werden sie vielleicht bewusst nicht offen antworten.

All dies führt zu hohem Aufwand, die gesammelten Ideen und Vorschläge zu bewerten, zu priorisieren, weiterzuverfolgen und am Ende in Maßnahmen zu überführen. Ist uns das erst einmal gelungen, sind wir stolz, denn wir haben schon richtig was gekonnt, oder? Ja und nein. Denn erst jetzt kommen wir zu den hartnäckigsten und bedeutsamsten Formen der Verschwendung, den systemischen und unbewussten.

Unter systemischen Verschwendungen verstehen wir wiederkehrende Irritationen bei der Zusammenarbeit mehrerer Mitarbeiter, z.B. infolge atmosphärischer Störungen oder verdeckter Konflikte. Oder aufgrund fehlender Führung bzw. widersprüchlicher Ziele und Anordnungen, denn Orientierungslosigkeit und unterschiedliche Realitäten müssen mühsam mit E-Mails, in Meetings oder persönlichen Gesprächen ausgeräumt werden. Die systemischen Ursachen können zwar mit einer Interaktions- und Systemanalyse aufgedeckt werden, ihre Bearbeitung ist aber üblicherweise Gegenstand von Coachings, Teamentwicklungs- oder Strategieprojekten.

Der unbewusste Teil der Verschwendung entsteht dadurch, dass Mitarbeiter nicht bewusst handeln. Dass sie sich nicht fragen, was die Zielsetzung einer Aufgabe ist und wie sie schnellstmöglich zum Arbeitsergebnis gelangen. Dass sie ihr Vorgehen nicht planen, ihren Arbeitstag nicht strukturieren und priorisieren oder länger als nötig über Aufgaben brüten, statt sich Hilfe zu beschaffen. Dass sie nicht konzentriert sind oder ihre Arbeitsergebnisse nicht hinterfragen bzw. prüfen lassen, womit sich Arbeitsfehler deutlich reduzieren ließen. Zu dieser Kategorie gehört sicherlich auch, dass Mitarbeiter nachhaltig falsch eingesetzt und für ihre Aufgaben über- oder unterqualifiziert sind.

Aus der Kombination von *unbewusst* und *Denkarbeit* wird klar, dass wir diesem Teil der Verschwendung nicht auf dem herkömmlichen Weg *befragen, verbessern, anordnen* beikommen können. Denn die Mitarbeiter sind sich des Änderungsbedarfs nicht bewusst und würden sich auch nicht auf eine Verhaltensänderung einlassen, ohne sich ihres Nutzens vorher bewusst geworden zu sein. Und sie würden sie ohne eine hohe Eigenmotivation nicht diszipliniert aufrechterhalten. Deshalb bewältigen wir diesen schwierigsten Teil der Lean Office Optimierung nicht durch Beobachten und Befragen, sondern durch nachhaltige gemeinsame Arbeit mit den Mitarbeitern, bestehend aus Erleben, Lernen und nachhaltiger Begeisterung. Und das direkt an ihrem Arbeitsplatz.

Kapitel 2

Meine Denkarbeit

Alles beginnt mit uns

In fast jeder Firma geschieht dasselbe: Chefs klagen darüber, dass die Mitarbeiter nicht das tun, was sie tun sollen. Zumindest was sie als Chefs denken, was die Mitarbeiter tun sollten. Mitarbeiter klagen über Kollegen oder Chefs, die nach ihrer Meinung ebenfalls nicht das tun, was geboten wäre.

Enttäuschte Erwartungen, wohin wir schauen. Und oft, wenn nicht sogar immer, verorten wir die Ursache für Fehler, Missverständnisse und Versäumnisse bei anderen. Viele der Geschichten in einer Firma über die Fehler der anderen werden so oft wiederholt, dass sie irgendwann Teil des kollektiven Selbstverständnisses werden und manche von Ihnen sogar den Zusammenhalt des Teams zu stärken beginnen. Gegen den gemeinsamen Feind auf der gleichen Etage, gewissermaßen. Oder die da oben oder da unten, je nach dem.

Und das Schöne an all den Schuldgeschichten: Habe ich erst einmal geschafft, glaubhaft zu versichern, dass jemand anderes schuld ist, muss ich selber nichts mehr denken oder tun. Einfach nur weiter volle Kraft voraus! Das ist so herrlich bequem, dass man glatt wieder Spaß an der Arbeit bekommen könnte.

Aber ist es wirklich so einfach? Genaugenommen ist jede Firma - gleich welcher Größe - nur ein soziales Gebilde mehrerer Individuen, die erfolgreich gemeinsame Aufgaben erledigen wollen. Und um das zu erreichen, erteilen manche Chefs Anweisungen, schreiben Beauftragte oder Berater in Prozesshandbüchern auf, wie wiederkehrende Aufgaben zu lösen sind, Bäckerei- oder Restaurantketten geben mit laminierten Musterbildern exakt vor, wo was wie in der Auslage oder auf dem Tisch zu platzieren ist. Bei Abweichung Abmahnung.

Schöne heile Welt der totalen Standardisierung. Zumindest bis Überraschungen auftreten, dem Gast die Tischdekoration nicht gefällt, Kunden ihre Wünsche ändern oder viel mehr Kunden auftauchen, als erwartet. Dann schweigen die Handbücher und Regelhefte, und es gilt, im richtigen Moment das Richtige zu tun. Immer dann müssen echte Menschen echte Entscheidungen treffen, was sie wie und mit wem als Nächstes tun. Das Gleiche gilt für Denkarbeit, die nur bedingt antizipier- und regelbar ist, sei es, dass die Aufgabe, die Priorität oder das Vorgehen nicht klar ist, oder nicht auf der Hand liegt, welche Kollegen zur Lösung beitragen können. Und für Führungsarbeit, bei der es schlichtweg darum geht, im richtigen Moment die richtigen Worte zu finden.

In diesen Situationen gibt es entweder keine Musterlösung, an der wir uns orientieren können, oder wir machen aus Zeitdruck einfach, was wir intuitiv für richtig halten, wobei wir in der Regel unseren Gewohnheiten folgen. In jedem Fall treffen wir selber jede einzelne Entscheidung, was wir tun oder nicht tun. Und selbst wenn wir mit besten Absichten handeln, geht dann schnell mal was schief, weil wir die Aufgabe falsch verstehen, wir uns für den falschen Zeitpunkt oder die falsche Reihenfolge entscheiden, unser Vorgehen nicht planen, nicht oder zu sorgfältig arbeiten oder unseren Kollegen nicht die richtigen Signale senden.

Wenn wir unsere Aufgaben *gemeinsam* lösen und beobachten, dass bestimmte Dinge immer wieder schiefgehen, dann liegt das daran, dass wir in wiederkehrender Art und Weise nicht erfolgreich *miteinander* handeln. Auch wenn unsere eigenen Fehler oder Versäumnisse für das Scheitern nicht ausschlaggebend scheinen oder wir unsere Kollegen im Unrecht wähnen, können wir *ausschließlich* dadurch direkt Einfluss nehmen, dass wir unser eigenes Handeln verändern. Genaugenommen gilt: Je mehr die Lösung unserer Aufgaben das Ergebnis guter Zusammenarbeit ist, desto größer ist die Wahrscheinlichkeit, dass wir selber ein wichtiger Teil der Veränderung sind. Und je mehr wir jemanden, eine Situation oder ein Muster ablehnen, desto eher haben wir es mit einer unserer eigenen Blockaden zu tun, die unserem persönlichen Wachstum im Wege steht.

Selbst wenn sich unsere Firma schwertut, weil es an einer gemeinsamen Zielsetzung, klaren Rollen, kollektiven Regeln oder Disziplin fehlt, haben wir immer noch die Wahl, ob wir uns um Klärung bemühen oder einfach so weitermachen wie bisher.

Am Ende sind es wir selber, die mit ihrem Handeln und Unterlassen in diesem System aktiv sind und es tagtäglich beeinflussen, stabilisieren oder verändern. Jeder einzelne von uns hat das Potential, die Dinge zum Guten zu wenden. Oder auch nicht. Es ist allein unsere Entscheidung. Deshalb beginnt jede Veränderung bei uns selbst und deshalb sollte auch der Schwerpunkt jeder erfolgreichen kollektiven Veränderungsarbeit da liegen, wo gehandelt oder unterlassen wird: Bei jedem einzelnen von uns.

Autopilot aus

Wir haben schon auf die Bedeutung bewussten Handelns hingewiesen. Es ist die entscheidende Grundvoraussetzung, wollen wir Denkarbeit nachhaltig effizient und mit hoher Qualität erledigen.

Unser Gehirn schaltet unter bekannten Umständen in den Autopilotmodus, eigentlich eine sehr hilfreiche Fähigkeit, die uns Unmengen an Denkenergie spart. Gefährlicherweise beginnen wir gerade unsere (Arbeits-)Tage im höchsten Maße ritualisiert, beim Duschen, Zähneputzen, Frühstücken und auf dem Weg zur Arbeit geht alles seinen gewohnten Gang, nach Möglichkeit zur selben Minute. Damit haben wir bereits unbemerkt unserem Autopiloten das Kommando übergeben, bevor wir überhaupt an unserem Arbeitsplatz eintreffen.

Hier warten dann oft Arbeitsrückstände und Terminstress auf uns, sie verleiten uns, direkt mit der Arbeit zu beginnen. Wir schnappen uns die scheinbar dringlichste Aufgabe und legen mit besten Absichten los. Allerdings befeuern solche Drucksituationen unseren Autopiloten weiter, weil wir mit seiner Hilfe automatisierte Denkergebnisse abrufen und damit deutlich schnellere Denkleistungen vollbringen können. Leider um den Preis, dass wir Situationen und Probleme nicht wirklich durchdenken und uns mit besorgniserregender Zuverlässigkeit in Denkfehler hineinmanövrieren. Wir treffen falsche Annahmen oder finden falsche Lösungen (beispielsweise dieselben wie beim letzten Mal, als wir eine ähnliche Aufgabe gelöst haben).

Als weiteres Hemmnis kommt hinzu, dass die unsäglichen Aufmerksamkeitskiller unserer Zeit ebenso ständig piepen oder klingeln wie unsere Chefs, Kollegen oder Mitarbeiter, die ebenfalls im Autopilotmodus unterwegs sind, vor unserem Schreibtisch stehen und ihre eigene Denkleistung durch unseren Rat zu ersetzen versuchen. Alle diese Störungen ersticken dann die verbliebenen Reste unserer bewussten und strukturierten Denkarbeit im Keim.

Und das tägliche Murmeltier endet erst dann, wenn uns unser Partner beim Abendessen fragt, „und, Schatz, was gab es heute Neues im Büro?", wir überrascht aufschauen, weil wir uns nicht wirklich an die Details des Tages erinnern können, und merken, es wird Zeit, den Autopiloten für heute abzuschalten.

Grundsätzlich lohnt es sich immer, übers Denken nachzudenken. Und zwar vorher. Zu Beginn unseres Arbeitstages und zu Beginn einer jeden Aufgabe. Die Voraussetzungen dafür können wir verbessern, indem wir bewusst unser Verhalten variieren oder gezielt Reflektionspausen einlegen, um unser Aufmerksamkeitsniveau hoch zu halten.

Und wir achten darauf, beim Denken ungestört zu sein. Was natürlich leichter gesagt ist als getan. Denn zu ungestörter Denkarbeit gehören immer zwei, der, der in Ruhe denken will, und der, der sich stören lässt...

Manchmal ist es auch erforderlich, eine Denkaufgabe bewusst eine Zeit lang beiseite zu legen, damit sich unser Unterbewusstsein intensiv an ihr abarbeiten kann. Zugegeben, dann schaffen wir „weniger", werden aber mit deutlich besseren Ergebnissen belohnt.

Angenehmer Nebeneffekt: Wir haben abends tatsächlich etwas zu erzählen...

Der gesunde Mittelweg

Haben wir mal versucht, unseren Reflexen zu widerstehen? Unser Streben nach Anerkennung, unser Misstrauen, unsere Unzufriedenheit oder Entscheidungsschwäche veranlassen uns immerzu, Rückfragen zu stellen, betriebliche Ereignisse zu kommentieren, Zweifel zu äußern oder eine weitere Diskussionsrunde zu initiieren. Solcherart Überaktivität in unseren Büros ist am Ende ebenso schädlich wie die ausführende Passivität vieler Kollegen. Das gilt desto mehr, je höher wir in der betrieblichen Hierarchie stehen, weil uns automatisch mehr Gehör geschenkt wird und unsere Beiträge und Anfragen bewusst gegenüber anderen betrieblichen Aufgaben priorisiert werden.

Überhaupt: Wer sagt eigentlich, dass Chefs immer alles besser wissen und auch bei Details das letzte Wort haben müssen? Damit erhöhen sie die Wahrscheinlichkeit, ihre eigentlichen Aufgaben zu vernachlässigen, Ziele zu formulieren, die daraus resultierenden Aufgaben zu initiieren, ein funktionierendes Team zusammenzustellen und es zu befähigen, immer anspruchsvollere Aufgaben zu lösen. Überdies erzeugen Chefentscheidungen oder -anordnungen oft verdeckten Widerstand oder Folgediskussionen und verstärken die Passivität der Mitarbeiter, die sich schnell daran gewöhnen, die letzten Meter anderen zu überlassen.

Auch die tägliche E-Mail-Flut ist ein gutes Indiz dafür, dass bestehende Krisen und organisatorische Brandherde von Überaktivität befeuert werden. Gut gemeinte schriftliche Ratschläge provozieren fast immer eine Antwort mit Rechtfertigungscharakter, Machtkämpfe oder offen ausgetragene Konflikte führen zu E-Mail-Ping-Pong. Auge um Auge. Und ich habe doch recht.

Eine vernünftige Kommunikationskultur nutzt die jeweils passenden Kanäle. Wer E-Mails zu einem anderen Zweck benutzt, als präzise Informationen anzufragen oder zu verteilen, wird schnell zum Schmied seines eigenen Unglückes. Alles andere gehört persönlich besprochen, denn nur im Gespräch können wir die verbindende Wirkung unserer Tonalität und Gestik nutzen, um inhaltliche Gegensätze zu entschärfen, den anderen zu überzeugen und Vertrauen zu bilden.

Wenn wir unsere Reflexe sorgfältig beobachten, den gesunden Mittelweg wählen und uns vornehmen, unsere

Beiträge auf die notwendigen Signale zu beschränken, können wir die betriebliche Unruhe deutlich reduzieren helfen und damit entscheidend zum Erfolg beitragen.

Mehr Heavy Metal!

Über Pep Guardiolas Ballbesitz-Fußball sagte Diego Simeone von Atletico Madrid kürzlich: „Wozu brauche ich dauernd den Ball? Im Fußball geht es nur um eines: ums Gewinnen."[2]

In unseren Büros geht es nicht viel anders zu als auf dem Fußballplatz. Ähnlich wie bei den begeisterten Anhängern des gepflegten Ballbesitzfußballs das Spielgerät bis zu 80% der Spielzeit nutzlos in den eigenen Reihen hin- und hergepasst wird, werden in unseren Büros die Aufgaben hin- und hergeschoben.

Da bekommt beispielsweise die Chefsekretärin eine Anfrage von einem Berater, ob sie nicht über das Wochenende einige Dokumente aus der Firma versenden könne, das eile aufgrund der Zeitverschiebung.

Statt aufzuschauen und nach dem kürzesten Weg zum Tor zu suchen, passt sie den Ball weiter und fragt ihren

---

[2] Simeone, Diego, http://www.20min.ch/sport/dossier/champions league/story/28732904

Chef, ob nicht der nette Herr aus der Buchhaltung am Wochenende sowieso im Büro sei. Nun, der Chef wird entweder den Ball ohne Raumgewinn „klatschen lassen" und ihr mitteilen „das weiß ich nicht" oder ihr eine andere Anspielstation vorschlagen („Fragen Sie mal den Vorgesetzten von dem netten Herrn aus der Buchhaltung"). Im schlimmsten Fall lässt der Chef den Ball ins Aus rollen und antwortet gar nicht.

Ohne dieses Beispiel weiter auszuschmücken, ist leicht vorstellbar, wie oft die Aufgabe besprochen und verschoben werden kann, ohne dem „Gewinnen", der eigentlichen Erledigung, auch nur einen Meter näher zu kommen. Und mit jedem Querpass tickt die Uhr und ticken auch unsere betrieblichen Kosten weiter. Noch schlimmer wiegt allerdings, dass jede unerledigte Aufgabe unseren Arbeitsvorrat anwachsen lässt und damit die Wahrscheinlichkeit steigt, irgendwann den Überblick über Fortschritte und Prioritäten zu verlieren.

Deshalb gebietet jede neue Aufgabe zwei Kontrollfragen: Ist *mein* direkter Weg zum Tor frei, bin *ich* derjenige, der sie mit dem geringsten Aufwand erledigen kann? Wenn nein, frage ich mich, wie ich den Ball am besten spielen muss, um ihn auf kürzestem Weg in Tornähe zu befördern. Im übertragenen Sinne: Wie finde ich schnellstmöglich jemanden, der die Aufgabe selber, direkt und vollständig erledigen kann? Damit streben wir nach Einfachheit, der Kunst, die Menge nicht getaner Arbeit (nicht gespielter Pässe) zu maximieren. Denn grundsätzlich fällt die Erledigung mit jeder Weitergabe und jedem involvierten Kollegen schwerer, die Signale werden schwächer und die Verschwendung nimmt exponentiell zu.

In unserem Beispiel ist es offensichtlich, dass die Chefsekretärin die Aufgabe hätte selber erledigen müssen oder den netten Herren aus der Buchhaltung hätte direkt fragen können. Nur wäre dabei vermutlich offensichtlich geworden, dass sie nach einem Weg suchte, die Aufgabe nicht selber erledigen zu müssen.

Ohne weiter über die Motive zu spekulieren, bleibt klar: Je größer unsere Büros und je vielfältiger die Aufgaben sind, desto größer ist die Versuchung, es den Bayern gleich zu tun und den Ball gepflegt in den eigenen Reihen weiterzupassen.

Die eigentliche Problematik: Im Gegensatz zur Ballbesitzstatistik beim Fußball gibt es in unseren Firmen keinen offiziellen Gradmesser für Verschwendung. Und manche Aufgaben halten sich derart penetrant in unseren Reihen, dass uns der verschwenderische Umgang mit ihnen gar nicht mehr auffällt.

Und so ist es an uns, dem nutzlosen Ballbesitztreiben Einhalt zu gebieten, immer nach dem kürzesten Passweg zu suchen und bei allem Beratschlagen, Hinterfragen und Weitergeben auch mal selber den Weg zum Tor zu suchen und eine Aufgabe zu erledigen.

So wie es Jürgen Klopp formulierte, als er über seinen Kollegen Wenger sagte „Ich liebe ihn. Er ist ein Sir für mich. Er mag es, den Ball zu haben, Fußball zu spielen,

Pässe. Es ist wie ein Orchester." Um dann anzufügen: „Ich mag es laut, ich mag lieber Heavy Metal."[3]

Man müsste mal

Wir alle kennen den täglichen Phrasenhagel in unseren Büros. Dabei verdient Man-müsste-mal, die hässlichste Tochter des Phrasenkönigs Das-haben-wir-schon-immer-so-gemacht, ein bisschen mehr Aufmerksamkeit.

„Man müsste mal" wird deshalb so gerne verwendet, weil sich damit fantastisch Wissen und Aktivität vorspiegeln lassen. Wer diese Worte ausspricht, erweckt den Anschein, dass er sich aktiv und intensiv angeschaut hat, worüber er spricht, und genau weiß, welcher Lösung es bedarf. Der hat es wirklich drauf, denken wir dann.

Dabei müssen wir aber Aktivität von Handlung unterscheiden. Aktivität und geschäftige Betriebsamkeit dienen der Vermeidung von Denkarbeit. Nur da, wo wir all unsere Kräfte mobilisieren und alleine oder gemeinsam Neues ersinnen, dem wir auch Handlungen folgen lassen, haben wir es tatsächlich mit Denkarbeit zu tun.

---

[3] Klopp, Jürgen, http://www.goal.com/de/news/955/champions-league/2013/11/04/4381925/j%C3%BCrgen-klopp-ibrahimovic-verr%C3%BCckte-spieler-lieben-mich

Entsprechend enthält „man müsste mal" neben der Aktivitätsfassade auch eine Nichthandlungsgarantie: Natürlich ist der Sprecher nicht im Stande, das, was man müsste, selber zu realisieren. Sonst bräuchte er ja nicht den Konjunktiv zu benutzen. Andere sind schuld oder verantwortlich und sollen es bitte schön auch richten.

Wie gehen wir also am besten damit um, wenn mal wieder jemand „wir müssen mal", „man müsste mal" oder auch „eigentlich müssen wir" sagt? Zum einen wissen wir, echte Arbeit und Handlung werden nun garantiert nicht folgen, zum anderen handelt es sich um eine Aufgabe, für die bei aller Dringlichkeit derjenige noch gefunden werden muss, der sie erledigen wird. Dann haben wir die Wahl, unseren Gesprächspartner mit Nachfragen zu entlarven oder seine Aussagen schlichtweg zu ignorieren.

Ertappen wir uns selber beim „mal-Müssen", gibt es ein Geheimrezept. Dann ersetzen wir „man müsste" durch „ich will", investieren Energie, leisten Denkarbeit und handeln.

Das Ende der kommerziellen Luftfahrt

Kein Mensch und auch kein System ist in der Lage, unbeabsichtigte Fehler vollständig zu vermeiden. Oder wie Goethe sagte: „Es irrt der Mensch, solang' er strebt." Die Vermeidung von Fehlern ist uns besonders wichtig, wenn wir in einem Flugzeug sitzen oder auf einem Operationstisch aufwachen. Dass Fehler durch den Einsatz moderner Methoden wirksam reduziert werden können, zeigen die unterschiedlichen Sicherheitsstandards beider Branchen. In einer Studie wurde errechnet, dass wöchentlich in Europa zwei Verkehrsmaschinen abstürzten, wenn in der Luftfahrt dieselben (niedrigen) Sicherheitsstandards gälten wie in deutschen Krankenhäusern. Folgerichtig strebt der medizinische Sektor intensiv nach der Verbesserung seiner Verfahren und Arbeitsweisen.

In Firmen müssen wir infolge eines Fehlers glücklicherweise nicht um unser Leben fürchten, und doch sind Fehlerkosten die bedeutendste Verschwendungsart. Dabei denke man nur an die kostspieligen Rückrufaktionen der Autohersteller.

Auch bei der Denkarbeit sind Fehler allgegenwärtig: Eingabe-, Berechnungs-, Kommunikations- und Übertragungsfehler, nicht eingehaltene Vereinbarungen und besonders gravierend, Fehlannahmen in der Vertriebsphase. Und immer wieder Rückfragen, Rücksprachen, Abstimmungen, Korrekturen, Wartezeiten, Folgefehler und Klagen. Ja, Klagen. Am liebsten über Kollegen, denen wir mutmaßliche Fehler zuzuordnen versuchen. Da mag man mit Thomas von Kempen empfehlen: „Lerne Geduld haben mit fremden Fehlern; denn siehe, du hast auch viel an dir, was andere tragen müssen."

Aber was machen wir tatsächlich nach tiefem Durchatmen und einer kraftvollen Zwischenmeditation? Eine funktionierende Qualitätsorganisation aufbauen? Einen Qualitätsmanager benennen? Ein Qualitätsreporting einführen? Uns zertifizieren lassen?

Am besten erkennen wir zunächst, dass jeder von uns Fehler macht, und zwar beim Denken wie bei jedem Handgriff. Damit sind wir selber die einzigen, die etwas bewegen können, und zwar dadurch, dass wir uns um die Vermeidung unserer eigenen Fehler kümmern. First time right, die Minimierung von Nacharbeit als persönliches Arbeitsziel.

Natürlich kann sich auch ein betriebliches Qualitätsmanagement darum bemühen, die Rahmenbedingungen für die fehlerfreie Erledigung von Aufgaben zu verbessern oder die jeweils aktuellen Zustände in einem reporting aufzuzeigen. Aber erst, wenn wir jedes Einzelergebnis von einem zweiten Mitarbeiter prüfen ließen, könnten wir totale Qualität von *außen* gewährleisten. In den allermeisten Fällen wäre eine solche Politik nicht wirtschaftlich. Zudem birgt eine betriebliche Qualitätsorganisation das Risiko, dass allseits angenommen wird, die Kollegen von der Qualität seien die einzigen, die sich mit diesem Thema beschäftigen müssten. Sie werden doch dafür bezahlt.

Das bedeutet für jeden von uns, sorgfältig und bewusst zu arbeiten und unsere Arbeitsergebnisse zu überprüfen. Das fällt uns immer dann leicht, wenn wir Herzblut für unsere Aufgaben empfinden, besonders sensible Aufgaben nur in ungestörten Arbeitsphasen angehen, Multitasking vermeiden und genügend Zeit reservieren, um nicht in Eile zu handeln, was bereits Henry Ford als eine der wesentlichen Fehlerquellen benannt hat.

Und wir können unser Arbeitsergebnis hinterfragen: Haben wir an alles gedacht? Was könnte dazu führen, dass unsere Lösung nicht funktioniert? Können wir noch etwas mehr tun? Wir können auch Checklisten für Routinearbeiten entwickeln. Wobei Checklisten die Nebenwirkung haben, dass wir ihnen mit dem wiederkehrenden Gebrauch zunehmend weniger ernsthaft Beachtung schenken und sie ihre Warnfunktion verlieren.

In der Gruppe können wir darauf achten, dass nicht mehrere Kollegen für dasselbe verantwortlich sind, und wir können zusammenarbeiten: Gemeinsam fällt es uns leichter, Fehler frühzeitig zu erkennen. Weiterhin können wir um Hilfe bitten, wenn wir uns von einer Aufgabe überfordert fühlen oder nicht genügend Zeit zur Verfügung steht. Wir können Hintergründe und Annahmen hinterfragen und zusätzliche Informationen verlangen.

Ganz besonders aber haben wir es in der Hand, wie wir kommunizieren: Sind unsere Informationen vollständig? Sagen wir präzise, was wir wollen? Bestätigen wir alle Anfragen und Aufgaben dem Auftraggeber zurück und treffen wir damit wirkungsvolle Absprachen, die wir später auch einhalten? Ich würde behaupten, 80% aller unserer Fehler sind Kommunikationsfehler ganz nach dem Motto: „Der Ursprung allen Konfliktes zwischen mir und meinen Mitmenschen ist, dass ich nicht sage, was ich meine, und dass ich nicht tue, was ich sage" (Martin Buber)[4].

Wenn die Flugsicherung so kommunizieren würde wie wir in unseren Büros, wäre vermutlich das Ende der

---

[4] Buber, Martin, http://www.zitate.de/autor/Buber,+Martin

kommerziellen Luftfahrt nahe. Es liegt damit an uns selbst, unsere Arbeitsumgebung für uns, unsere Kollegen und unsere Kunden ein Stück weit sicherer zu machen.

Das bisschen Haushalt

Ein Meeting nach dem anderen, schnell noch ein Telefonat dazwischengeschoben, hier und da die neuesten Mails gecheckt und ein paar knappe Antworten verschickt. Plötzlich steht Meyer in der Tür, Krise im Projekt Brockmann. Sondersitzung anberaumen, Mittagessen streichen. Nachmittag umplanen. Und dann ruft auch noch der Chef an und will über die aktuellen Zahlen sprechen. Akten, Freigaben und Unterschriften? Das machen wir zwischendurch. 18 Uhr schon durch? Oje, jetzt endlich einen klaren Kopf bekommen und E-Mails abarbeiten. Was liegt nochmal heute Abend an? Und was will der Müller um diese Zeit noch von mir? Ach ja, den Termin gestern mit ihm musste ich kurzfristig absagen, hoffentlich ist es was Wichtiges…

Das ist der normale Büro-Wahnsinn. Wie bitte schön soll das denn auch anders gehen? Mit dieser Frage beginnt jedes Lean Office Coaching. Nehmen wir einen übersichtlichen Vergleich aus dem Privatleben: Wir kämen nicht auf die Idee, das Bügeln eines Hemdes nach den Ärmeln zu unterbrechen, um Kartoffeln zu schälen, nach der dritten Kartoffel die Post reinzuholen, dabei ein Telefonat zu führen, nach dem Auflegen die Kinder abzuholen, dann weiter zu bügeln, während wir Reiseziele für den Urlaub recherchieren, die Kartoffeln immer noch kochen und unser Nesthäkchen gewindelt werden muss. Wir würden auch nicht eine Vielzahl von To-do-Listen und Post-It-Wolken mit über 500 Positionen vor uns herschieben, wie es uns im betrieblichen Alltag regelmäßig begegnet.

Ganz im Gegenteil gehen wir privat viel strukturierter vor als im Büro: Grundsätzlich geben wir unserem Tag eine Grundordnung, planen bestimmte termingebundene Aktivitäten fest ein. Die verbleibende Zeit füllen wir mit der Handvoll Aktivitäten, die wir uns vorgenommen haben, nach ihrer Wichtigkeit absteigend, wobei wir immer erst die nächste Aufgabe aus unserem gedanklichen Arbeitsvorrat entnehmen, wenn wir eine abgeschlossen haben. Ehe wir beginnen, stellen wir sicher, dass wir alles haben, was wir für die Erledigung benötigen, und dass wir die Aufgabe abgeschlossen bekommen, bevor der nächste feste Termin beginnt. Haben wir Kinder, sind wir ständig auf Überraschungen gefasst und halten uns Zeitpuffer vor, um angemessen reagieren zu können. Bei terminkritischen Großaufgaben wie einem Umzug nutzen wir das Hafenmeisterprinzip[5] und aktivieren möglichst viele Freunde, die mit anfassen.

---

[5] Nach dem Hafenmeisterprinzip verzichten wir wo möglich auf Einzelarbeit und lassen unsere Aufgaben von Teams bearbeiten, die gemeinsam die schnellstmögliche Erledigung gewährleisten. Damit setzen wir am Ende zwar nicht weniger Arbeitszeit ein, aber die Durchlaufzeiten sinken, wir liefern unseren Kunden früher Ergebnisse und reduzieren den Aufgabenbestand, der uns den Blick auf die wesentlichen Dinge verstellt und Folgeschäden verursacht.

Vermutlich hängt das damit zusammen, dass wir privat das Gefühl haben, selber bestimmen zu können, was wir wann tun, während wir im Berufsleben Anweisungen folgen und auf den Druck unserer Kollegen reagieren. Das gilt desto mehr, je mehr wir schon den Überblick verloren haben.

Läge es nur daran, dass unser Privatleben grundsätzlich übersichtlicher und weniger dringlich wäre, würden wir anstreben, dieselben Bedingungen auch beruflich zu schaffen. Dann würden wir einmal unsere Aufgabenberge entrümpeln, Altaufgaben entweder löschen oder im Kalender fest einplanen und ab diesem Zeitpunkt Aufgabe für Aufgabe unseres übersichtlichen Arbeitsvorrats priorisiert auf Basis vollständiger Informationen beginnen und ohne Störung beenden, während wir stets auf Überraschungen gefasst sind. Halten wir das diszipliniert durch, werden sich unsere Rückstände schrittweise weiter reduzieren, werden wir das Chaos lichten und am Ende wieder Herr über unseren beruflichen Alltag sein.

Engelskreis

Gerne sagen wir, „wir haben zu viel zu tun." Aber, ist das nur eine routinierte Schutzbehauptung oder stimmt das tatsächlich? Wir könnten auch auf die Idee kommen, wir seien vielleicht nur schlecht organisiert. „Wie denn das?", wird der moderne Homo officialis entrüstet fragen.

Nehmen wir die meist beschäftigten Personen, die wir uns vorstellen können, die Staatsoberhäupter dieser Welt. Jeder einzelne ihrer Tage könnte fünfmal so lang sein und sie würden ihn immer noch mühelos mit Zeitungslektüre, Ehrungen, Reden, Auslandsreisen, Gipfeltreffen, Fernsehansprachen, Parlamentsdebatten und politischen Detailgesprächen gefüllt bekommen. Und was tun sie gegen die Aufgabenflut? Vornehmlich priorisieren sie oder ihre Stabschefs mit einem hohen Maß an Geschicklichkeit. Manche Dinge sind gesetzt, andere aufgrund der aktuellen politischen Diskussionen besonders wichtig. Was sich nicht unterbringen lässt, wird delegiert, verschoben oder schlichtweg abgesagt. Und bei plötzlichen Krisen wird umgeplant. Denn am Ende gilt dasselbe wie für uns alle: Es wird nur das getan, was sich in 24 Stunden unterbringen lässt.

Und haben wir je ein Wehklagen von ihnen gehört? Nein, sie wissen, es ist Teil ihres Jobs, nicht alles schaffen zu können, was ihnen angetragen wird oder zu tun angeraten wäre. Wenn sie den Eindruck vermitteln wollen, ihren Job im Griff zu haben, müssen sie sich auf die wichtigsten Dinge konzentrieren. Deshalb würden wir sie auch kaum sagen hören: „Atomkatastrophe in Japan? Habe ich heute keine Zeit für, kommt aber ganz oben auf meine To-do-Liste."

Wir haben den Vorteil, mit deutlich weniger möglichen Aufgaben konfrontiert zu werden. Und dennoch reklamieren wir Überlastung oder lamentieren: „Ich kann keine Aufgaben ablehnen oder delegieren." Damit hört das Denken auf, wir nehmen was kommt, schieben unangenehme, aufwendige oder scheinbar weniger dringliche

Dinge auf die lange Bank, pflegen unseren Aufgabenberg und fahren noch eine Runde Teufelskreis.

Dabei mag der Einzelne tatsächlich nicht delegieren können. Aber, mal ehrlich: Wo ist der Unterschied, ob wir Überlastung reklamieren, eine Aufgabe offen ablehnen oder sie den 365. Tag in Folge unter unserem Aufgabenberg ruhen lassen? Klar, das eine oder andere wirkt vordergründig netter, aber im Grunde tun wir täglich nichts anderes, als die Bearbeitung der allermeisten unserer Aufgaben auf die eine oder andere Art zu verweigern. Ganz ähnlich wie die Staatsoberhäupter, nur dass wir zur Konfliktvermeidung bequemere Wege wählen und uns damit am Ende das Leben selber schwer machen.

Denn je mehr Aufgaben wir sammeln, desto schwerer fällt es uns, die Folgen der jeweiligen Nichterledigung zutreffend einzuschätzen und objektiv die richtige Wahl zu treffen, wenn wir morgens eine Aufgabe aus unserem bedrohlich schwankenden Berg teilweise bereits verwester Aufgabenleichen herauspicken. Wir folgen unserer Intuition und beten, dass wir nichts Dringliches übersehen oder im Zweifel eine gute Entschuldigung zur Hand haben. Andere schauen deshalb gleich darauf, um welche Aufgaben besonders viel Lärm gemacht wird, oder auf die Schulterklappen des jeweiligen Auftraggebers, damit der zu erwartende Verzugs-Rüffel keine allzu hohen Wellen schlägt. Manche wollen es besonders gut oder strukturiert machen und unterscheiden wie Eisenhower in wichtig, dringend usw. usw.

Doch wenn wir nur mit mehr Struktur reagieren, übersehen wir das eigentliche Problem: Wir schieben mehr

Aufgaben vor uns her, als ein normaler Mensch über-
schauen kann. Egal, wieviel Mühe wir uns geben, wir
können nur dann ohne viel Aufwand intuitiv zutreffend
priorisieren, wenn wir nur einen einzigen Arbeitsvorrat
führen, der alle unsere Aufgaben umfasst und hinrei-
chend niedrig ist.

Einen überschaubaren Bestand erreichen wir mit einer
disziplinierten Mischung aus delegieren (wo möglich),
zurückweisen (wie bisher, nur offen) und fest im
Kalender verankern (größere Aufgaben). Den Rest arbeiten wir zügig ab. Nach Lean fassen wir dabei nur diejenigen Aufgaben überhaupt an, für die alle erforderlichen
Informationen vorliegen.[6]

Hier lauert die größte Herausforderung, denn in neun von
zehn Fällen benötigen wir Vorinformationen oder Zulieferungen von anderen. Selbst wenn wir valide Vereinbarungen über Inhalt und Zeitpunkt ihrer Beistellungen ge-
troffen haben, sehen sie sich ähnlich wie wir bis zur Be-
wegungsunfähigkeit in ihren Aufgabenbergen eingemau-
ert, zergehen in selbstmitleidigem Klagen und priorisieren ebenso hierarchisch-opportunistisch wie oben be-
schrieben. Also nehmen wir brav an ihrer täglichen
Lotterie 6 aus 490 teil, mit desto geringerer Aussicht auf
Erfolg, je niedriger die betriebliche Kaste ist, derer sie
uns zugehörig wähnen. In diesem Fall hilft nur, die
Vollständigkeit der Informationen von Anfang an zur Be-
dingung für die Übernahme der Aufgabe zu machen. Zu

---

[6] Verfügen wir bei Beginn über alle Informationen („full set"), verhindern wir Unterbrechungen bei der Bearbeitung und das verschwenderische Hin- und Herspringen zwischen verschiedenen ange-
fangenen Aufgaben (Multitasking).

diesem Zeitpunkt haben die Auftraggeber einen großen Anreiz, uns bei der Informationsbeschaffung zu unterstützen.

Abweichend von allen gängigen Empfehlungen priorisieren wir unsere Aufgaben ausschließlich mit der Zielsetzung, den Arbeitsvorrat durch Erledigung von Aufgaben zu reduzieren und innerhalb bestimmter überschaubarer Meldeschwellen zu halten. Wir reservieren deshalb auch ein Zeitfenster am Tag, innerhalb dessen wir all die kleinen mitunter unwichtigen Dinge tun, die ansonsten unseren Arbeitsvorrat in unüberschaubare Höhen anwachsen ließen.

Und im Zweifel arbeiten wir ein bisschen länger oder kürzer, bis wir wieder unseren Zielbestand von etwa zehn bis zwanzig offenen Aufgaben erreicht haben, den wir sicher priorisieren können. Am Ende ist es egal, wie viele Aufgaben tatsächlich täglich hinzukommen oder ob wir sie delegieren können. Entscheidend ist vielmehr, wie viele von ihnen wir erledigen und wie hoch damit unser Durchsatz ist. Denn nur wenn wir mehr erledigen als hinzukommen, sinkt unser Arbeitsvorrat oder bleibt zumindest konstant.

Ist unser Aufgabenbestand überschaubar und variieren wir flexibel unsere Arbeitszeit, können wir ohne Eile arbeiten und Fehler werden zur Ausnahme. Auch Multitasking und Unterbrechungen nehmen ab. Wir haben unsere Arbeit im Griff und sind insgesamt zufriedener. Angenehmer Nebeneffekt: Wir können gar nicht mehr zu spät liefern, weil wir so effizient arbeiten, dass die Bearbeitung von in Summe zehn bis zwanzig Aufgaben selten länger als zwei Tage dauert. Zugegeben, große Aufgaben können immer noch einige Wochen in Anspruch nehmen. Aber wer bisher Monate auf ihre Erledigung warten musste, wird sich darüber immer noch positiv überrascht zeigen.

Genaugenommen ermöglicht ein überschaubarer Arbeitsvorrat die effiziente Bearbeitung unserer Aufgaben, was wiederum ein wesentlicher Grund dafür ist, dass unser Arbeitsvorrat überschaubar bleibt. Damit gerät die Arbeit nach Lean Prinzipien zum Engelskreis oder wie auch immer man das Gegenteil von Teufelskreis nennen mag.

Dreisprung

Einmal nach Mauritius. Ein Haus kaufen. Landesmeister im Boßeln. Die Meisterschaft mit den alten Herren. Eine neue Liebe finden. Wir alle haben große Ziele.

Und wie ist es um den morgigen Montag bestellt? Da klingelt der Wecker, wir schwingen uns noch ein bisschen groggy aus den Federn. Was ist denn unser Ziel für diesen Tag? Glücklich sein? Überleben? Spaß haben? Oder nur dem nächsten Urlaub oder der Rente ein Stück näher kommen? Wenn wir ehrlich sind: Da denken wir gar nicht drüber nach. Allerhöchstens freuen wir uns auf das Highlight des Tages oder hoffen, einen grauenvollen Termin gut zu überstehen.

Und während der Arbeit? Wenn wir einen Kollegen anrufen oder in einer Besprechung sitzen oder mit einer Aufgabe nicht weiterkommen? Manche denken nur an den Feierabend. Andere daran, eine gute Figur zu machen. Aber was ist unser Ziel? Was wollen wir mit dem Anruf erreichen? Was soll das Ergebnis der Besprechung sein? Und was haben wir mit der Erledigung der Aufgabe erreicht?

All das fragen wir uns häufig nicht. Und dann passiert das Unvermeidliche: Wir kommen wie böse Mädchen überall hin, aber nur in den seltensten Fällen dahin, wo wir gerne wären. Und dann klagen wir: Der dumme Kollege, die langweilige Besprechung ohne Ergebnis, der Fehler, den wir gemacht haben, weil irgendwer...

Ziele, auch die kleinen, sind notwendige Erfolgsvoraussetzung. Wenn wir nicht wissen, was wir wollen, wie sollen wir dann das Richtige tun oder sagen? Unmöglich. Also: Autopilot aus, Ziel anvisieren und ab zum Erfolg.

Und was tun wir dann? Beim Fußball sind sie verpönt. Bengalos und Rauchbomben. Bei uns gehören sie zur Grundausstattung. Wir müssen, wir sollten, wir haben vor, wir werden, wir haben alles gegeben, dafür gekämpft oder wir haben begonnen sind die Rauchbomben, mit denen wir in unseren Büros dichten Nebel verbreiten.

Und wie navigieren wir zuverlässig durch diesen Nebel hindurch? Mit konkreten Maßnahmen und Handlungen, Dingen, die wir tun und von denen wir uns nicht abbringen lassen: In 300 m rechts abbiegen. Den Urlaub planen, ein Trainingslager ansetzen oder die Besprechung vorbereiten. Jetzt oder nie.

Maßnahmen werden erdacht, geplant und gemacht. Punkt. Sie liegen immer direkt vor unserer Nase, sie sind das nächste, was wir tun werden. Wenn wir mit den alten Herren die Meisterschaft gewinnen wollen, müssen wir regelmäßig zum Training gehen, uns einen neuen Trainer besorgen oder ein Trainingslager abhalten. Wenn wir nach Mauritius fahren wollen, müssen wir sparen, geeignete Reiseanbieter finden und vielleicht unseren Partner überzeugen. Wenn wir in vier Wochen Excel-Makros programmieren wollen, müssen wir jemanden finden, der es uns zeigt. Und uns mit ihm treffen. Wenn wir eine erfolgreiche Besprechung durchführen wollen, müssen wir uns vorbereiten, unsere Fragen sammeln, eine Agenda machen und einen Moderator benennen.

Den Allgemeinplatznebel des Lebens kann jeder für sich lichten. Haben wir unser Ziel klar benannt, fragen wir uns einfach, „was tue ich konkret als nächstes, um meinem Ziel näher zu kommen?" Ziehen die Kollegen ein Pfund Rauch und sagen „man müsste mal", fragen wir einfach zurück „und wer macht was genau?"

Maßnahmen sind die Einzelschritte zu unserem Ziel und ein Klarsichtmittel gegen die Nebelbänke des Alltags. Wirksamer als Nebelscheinwerfer, Glasreiniger und Wischtuch zusammen...

Haben wir Ziele klar definiert und Maßnahmen erledigt, bedarf es von Zeit zu Zeit der Erfolgskontrolle. Sind wir unserem Ziel näher gekommen? Wie weit sind wir noch entfernt? Müssen wir unsere Anstrengungen vielleicht verstärken, unterbrechen oder in eine andere Richtung lenken?

Oftmals sagen wir: „Das Ziel haben wir nicht erreicht, aber wir haben alles gegeben." Das ist eine inputorientierte Argumentation. Wir zählen auf, was wir alles getan haben und welche Mühen wir auf uns genommen haben. Solcherlei Reden dienen uns quasi als „Schuldschild", leisten aber keinerlei Beitrag zur Standortbestimmung. Das ist in etwa so, als würde unser Navi versuchen, anhand des bisherigen Benzinverbrauchs die Reststrecke zu unserem Ziel zu ermitteln.

Dafür bedarf es vielmehr outputorientierter Überlegungen: was ist bei einer Maßnahme herumgekommen? Wie weit war der Gesamtweg und wieviel haben wir davon zurückgelegt? Wenn das bisher weniger als erwartet war, dann legen wir halt eine Schippe drauf und eine Anschlussmaßnahme fest.

Bei der Reise nach Mauritius würden wir uns von Zeit zu Zeit fragen: Wieviel Geld haben wir bisher schon gespart? Reicht das, wenn wir so weitersparen? Haben wir schon mehrere Angebote von verschiedenen Reiseanbietern erhalten, von denen mindestens eines attraktiv ist? Wenn nicht, suchen wir halt weiter.

Und so kommen wir Schritt für Schritt unserem Ziel näher und sind am Ende mit dem gekonnten Dreisprung aus Zielsetzung, Maßnahmen und Kontrolle mit größerer Wahrscheinlichkeit erfolgreich als bei einem ungeplanten Vorgehen.

Kapitel 3

Unsere Denkarbeit

Da ist Norden

Wo immer Menschen zusammenwirken, tun sie das zur Erreichung gemeinsamer Ziele. Das kleinste gemeinsame Ziel ist die erfolgreiche Bewältigung einer Aufgabe. Formulieren wir Ziele genereller, in Form von Abteilungs- oder Firmenzielen, sind sie in der Lage, bei einer Vielzahl von Aufgaben wiederkehrend Orientierung zu bieten. Dabei kommt es im Wesentlichen darauf an, dass sie prägnant formuliert sind und eine emotionale Kopplung ermöglichen. Teilen die Beteiligten auch noch dieselben Werte, haben wir insgesamt einen optimalen Handlungsrahmen geschaffen.

Werden Ziele und Werte nicht offen formuliert oder nicht von allen verstanden bzw. geteilt, ergeben sich automatisch Interpretationsspielräume. Da Menschen ihr Handeln immer ausrichten, sei es an ihren Gewohnheiten, an dem, was der Chef sagt, ihren persönlichen Annahmen, was die Ziele sein könnten, oder schlichtweg an ihrer persönlichen Einkommenserzielung, steigt die Wahrscheinlichkeit, dass ein Orientierungsdefizit widerstrebenden Interessen Raum gibt und unterschiedliche Vorstellungen über das Wie, Was und Wohin entstehen. Mühsame Diskussionen sind die Folge, um die Beteiligten zusammenzuführen. Aus diesem Grund kommt der gemeinsamen Orientierung eine besondere Bedeutung zu.

Innerhalb des gemeinsamen Rahmens stimmen die Menschen ihr Vorgehen bei jeder Aufgabe aufeinander ab. Je einzigartiger Aufgaben sind und je mehr Menschen zusammenarbeiten, desto mehr bedarf es regelmäßiger eindeutiger Signale, an denen sich alle orientieren können.

In der industriellen Produktion kommt diese Rolle vornehmlich dem ERP-System zu, dort findet jeder seinen Arbeitsvorrat, sobald er von den vorleistenden Kollegen bearbeitet wurde. Bei der Denkarbeit sind entweder gemeinsame Arbeitsvorräte oder die, die eine Aufgabe übernommen haben (d.h. die Verantwortlichen), die Taktgeber des Teams. In kleinen Firmen wenden wir uns an den Chef, wenn wir wissen wollen, was als nächstes zu tun ist.

Fehlt es an Führung, sei es im hierarchischen Sinne, sei es in dem Sinne, dass der Eigner einer Aufgabe seine Mitstreiter und Zulieferer nicht über den Fortschritt, neue Teilaufgaben und ihre jeweilige Priorität auf dem Laufenden hält, entsteht ebenfalls Orientierungslosigkeit. Dann agieren Kollegen entsprechend ihrer eigenen Annahmen und die Aufgaben werden nur noch zufällig auf die erforderliche Weise und zum richtigen Zeitpunkt erledigt.

Nicht viel besser als ein Orientierungsmangel ist die Signalvielfalt einer Mehrzahl von Verantwortlichen, die mit besten Absichten das aus ihrer Sicht richtige Vorgehen bestimmen und damit mehrere unterschiedliche Realitäten etablieren. Das beste Beispiel ist eine Praxisgemeinschaft mit mehreren gleichberechtigten Ärzten, die jeweils erwarten, dass das Praxisteam ihren persönlichen Regeln und Wünschen Folge leistet. Das kann nur zufällig oder mit sehr viel Geschick zu einem irritations- und konfliktfreien Zusammenwirken führen.

In jedem Fall braucht eine verschwendungsfrei funktionierende Organisation zu jeder Zeit zuverlässige, sichtbare und eindeutige Orientierungssignale.

Aufgabensuppe

Denkarbeit in Büros, Verwaltungen und Praxen ist besonders vielfältig, unberechenbar und erfordert oft Kreativität. Das erschwert auf den ersten Blick die Organisationsarbeit. Wenn wir genauer hinschauen, sind es bestimmte Aufgabenarten, die uns besonders herausfordern und einen großen Teil unserer Energie absorbieren, vornehmlich weil die Verteilung der Aufgaben unklar ist oder wir uns dabei nicht genügend Mühe geben. Wollen wir diesen Effizienzfresser verstehen, lohnt sich die Klassifizierung unserer Aufgaben:

Da sind zunächst die regelmäßigen Hauptaufgaben oder Kundenprodukte. Bei ihnen lohnt sich die Standardisierung der Arbeit, zudem gibt es qua Bekanntheit und Gewohnheit eine enge Verbindung der Mitarbeiter mit der Aufgabe. Oft optimieren wir mit der Zeit unsere Arbeitsschritte und zerlegen den Leistungsprozess zur Generierung von Skaleneffekten in Einzelschritte, die wir nach fachlicher Qualifikation und Neigung von unterschiedlichen Mitarbeitern erbringen lassen. Hierfür gibt es Prozessbeschreibungen, IT-Unterstützung, Kennziffern. Heile Welt. Diese Aufgaben sind meist für 90% unserer Erlöse verantwortlich, aber nur für einen Teil des Arbeitsaufwandes.

Besonders problematisch sind seltene Hauptaufgaben, mit denen wir die verbleibenden Erlöse erzielen. Sie treten irgendwann zum ersten Mal und danach nur unregelmäßig auf. Für sie müssen wir mühsam Erfahrungswissen generieren oder reaktivieren, oft lohnt die Standardisierungsarbeit nicht. Und vor allem, meist ist nicht klar, *wer* diese Aufgabe übernehmen soll.

Bei der Zuordnung dieser Aufgaben gibt es zwei Effizienzfallen: Wir übertragen sie immer wieder denselben Mitarbeitern. Dann bilden wir Spezialisierungen und vordergründige Geschwindigkeitsvorteile aus, verursachen aber im selben Maß Engpässe, die bei Auftragsspitzen für Wartezeiten, Multitasking und Chaos verantwortlich sind. Zudem wird Innovation unwahrscheinlicher.

Noch problematischer ist es, wenn wir diese Aufgaben funktional zerteilt durch die Firma zu schleppen versuchen. Dann entstehen bei jeder Übergabe Erklärungs- und Abstimmungsbedarfe, das Fehlerpotential ist immens und die Identifikation ist minimal, da mit dem jeweiligen Beitrag zur Lösung ein hoher individueller Aufwand verbunden ist. Darauf können wir dann mit dem Einsatz von Koordinatoren, Unterstützern und Qualitätssicherern reagieren, was aber die Verschwendung nur verstärkt. Hier gibt es nur zwei effiziente Organisationsformen: Entweder *ein* Mitarbeiter übernimmt die Aufgabe ganzheitlich und besorgt sich die erforderliche fachliche Unterstützung oder wir bilden ein Projektteam, das die Aufgabe unabhängig vom Rest der Firma abwickelt.

Neben den vom Kunden bezahlten Hauptaufgaben gibt es in jeder Firma, Kanzlei oder Praxis Nebenaufgaben. Zu den notwendigen Nebenaufgaben, ohne die keine Erlöse erzielt werden könnten, gehören die Telefonzentrale, Entgeltabrechnung, IT, Buchhaltung oder der Vertrieb, letztendlich aber auch der Reinigungsdienst. Für diese Aufgaben gibt es jeweils mehrere Organisationsalternativen:

In der ursprünglichsten aller menschlichen Organisationsformen übernimmt jeder Mitarbeiter diese Aufgaben selbst. Jeder macht auch Vertrieb, erzeugt seine eigenen Serviceberichte und Kundenrechnungen, räumt abends seinen Schreibtisch auf und bringt den Müll raus. Dann kann jeder diese Aufgaben optimal in den Tagesablauf integrieren, im Gegenzug gibt es aber keine Effizienzvorteile, manche werden die Aufgaben sogar vernachlässigen, weil sie ihren jeweiligen Neigungen nicht entsprechen.

Wollen wir die Disziplin erhöhen und Spezialisierungsvorteile nutzen, bestimmen wir einen Mitarbeiter, der es für alle tut. Das kann dann funktionieren, wenn es mit seinen Neigungen zusammenfällt. Im Gegenzug bleibt die Arbeit liegen, wenn der Mitarbeiter abwesend ist und wir keine Vertretungslösung organisiert haben. Gerade bei unangenehmen Aufgaben wie Büroreinigung werden viele Mitarbeiter fragen „warum ich?", weshalb die Aufgabe oft beim schwächsten Glied des Teams landet.

Diesem Effekt können wir entgegenwirken, indem wir die Aufgaben jede Woche einem anderen Mitarbeiter übertragen, was die Spezialisierungsvorteile reduziert, aber dem Betriebsklima zuträglich sein kann.

Gerade größere Unternehmen reagieren darauf mit dem Hinzuziehen spezialisierter Ressourcen, sei es durch einen zusätzlichen Mitarbeiter, sei es im Wege des Outsourcings. Bei dieser Lösung sind Skaleneffekte, Schnittstellenaufwand und Auslastungsrisiko jeweils gegeneinander abzuwägen.

Die letzte Kategorie von Aufgaben sind freiwillige Nebenaufgaben. Hierzu gehören die Verbandsarbeit, die Praxis- oder Bürogestaltung, die Einführung eines Compliance-Management-Systems, die Weihnachtsfeier, der Blumenstrauß für die Frau des Chefs oder der Geburtstagsanruf beim Kunden. Sie sind nicht direkt wertschöpfend oder für die Einnahmenerzielung notwendig, aus bestimmten mittelbaren Gründen nehmen wir sie aber dennoch wahr. Bei diesen Aufgaben ist die Vielfalt immens und aufgrund ihrer indirekten Natur ist entweder eindeutig klar, wer es tut (z.B. der Chef ruft den Kunden an), oder es wird jemand gesucht, der Zeit hat bzw. im Betrieb eine Auffangfunktion übernimmt (z.B. die Sekretärin, Praxishelferin oder die Mutter der Kompanie). Oft verteilen wir diese Aufgaben im Vorbeigehen, weil wir der optimalen Erledigung aufgrund ihres indirekten Charakters keine große Bedeutung beimessen.

Aufgrund der Vielfalt und Unregelmäßigkeit wird es nie sinnvoll sein, für diese Aufgaben einen einzigen Mitarbeiter zu bestimmen oder einen zusätzlichen Mitarbeiter zu beschäftigen. Im Optimalfall werden diese Aufgaben von allen Mitarbeitern entsprechend ihrer Neigungen freiwillig übernommen oder ihnen nach sorgfältiger Überlegung übertragen.

Zur Reduzierung der Verschwendung in unseren Büros und Verwaltungen ist es hilfreich, Struktur in unsere tägliche „Aufgabensuppe" zu bringen und die Verteilung der Aufgaben entweder zu automatisieren oder bewusst vorzunehmen: *wer* soll *was wie* machen, damit die Aufgabe effizient und optimal erledigt wird? Damit können wir unsere betriebliche Produktivität deutlich steigern.

Neuland

Wir alle halten infolge unserer fachlichen Schwerpunktbildung arbeitsteilige Organisationen für normal. Ich bin davon überzeugt, dass die allermeisten in ihrem Berufsleben nie etwas anderes kennengelernt haben (flexibel-situative Aufgabenlösung gibt es vornehmlich in Kleinst-Familienbetrieben). Inzwischen haben die meisten von uns ein ERP-System eingeführt und ihre Prozesse zertifiziert. Wenn wir uns beides anschauen, dann finden wir dort Abbildungen klassischer Arbeitsteilung und unsere Erfahrungen bestätigt.

Leider ist das trügerisch, denn abweichend von Produktionsunternehmen ist die Mehrzahl der bei Denkarbeitern und Dienstleistern auftauchenden Aufgaben einzigartig, so noch nicht dagewesen oder zumindest nicht mit standardisierten Lösungen zu bewältigen. Oftmals haben wir dann die Hoffnung, die Sonderaufgabe einfach nur vorne in die Prozessmaschine reinstecken und durchdrücken zu müssen, dann werde das schon.

Also nimmt einer seinen Staffelstab, will loslaufen, findet aber niemanden, der ihm sagt, wohin er damit laufen soll, und am Ende auch niemanden, der ihn übernimmt. In vielen Fällen wird auch gar nicht gewusst, was überhaupt zu tun ist und die Aufgabe wird konsequent so weit wie möglich unten im Arbeitsvorrat deponiert. Vielleicht wird sie ja vergessen und erledigt sich von selbst. Oder wir merken unterwegs, dass jeder eine andere Vorstellung von der Aufgabe hat und wir geraten in zermürbende Diskussionen, was eigentlich zu tun ist oder wie sinnvoll die bisherigen Arbeiten der anderen beteiligten Kollegen waren. Ein weiteres Indiz für eine Sonderaufgabe ist die entrüstete Aussage des Kollegen, von dem wir erwartet hatten, dass er zur Lösung beiträgt, dass er dafür gar nicht zuständig sei. Was naheliegend ist, da ja die Aufgabe anders ist, als die, die er üblicherweise erledigt.

Spätestens dann, wenn das Gewurschtel nicht funktioniert oder die Aufgabe von irgendwo eskaliert wird, legen wir uns die Karten: Wir suchen Kollegen, die fachlich zur Lösung beitragen könnten (Kollegen, die zuständig sind, gibt es naturgemäß nicht), wir finden uns zusammen, definieren die Zielsetzung und Bausteine der Aufgabenlösung, verteilen die Arbeit und informieren uns fortwährend gegenseitig über den Fortgang der Aktivitäten, damit wir Überraschungen und Richtungsänderungen angemessen berücksichtigen können. Die Bewältigung der Aufgabe gleicht dann einem Mini-Projekt und bedarf all der Bausteine, die erfolgreiches Projektmanagement ausmachen.

Allerdings gilt, was immer gilt, wenn wir eine Aufgabe in Verrichtungen zerlegen: wir müssen sicherstellen, dass sie effizient koordiniert werden. Das kann bei großen Aufgaben ein Projektleiter übernehmen, bei kleinen Aufgaben der ursprüngliche Eigner der Aufgabe oder IT-basiert ein Workflow. Aber klar ist: Einer - und nur einer - muss Herzblut für die Gesamtaufgabe haben und allen anderen Orientierung geben, wie es vorangeht und wann sie gebraucht werden.

Um Irritationen vorzubeugen, bevorzugen wir Aufgabeneigner, die nicht nur einen Beitrag leisten, sondern aufgrund ihres Hintergrundwissens und Einschätzungsvermögens in der Lage sind, die Erledigung zu steuern und zudem noch einen möglichst großen Teil der Aufgabe selbst zu lösen.

Gerade bei kleinen oder Sonderaufgaben, Überraschungen und Planabweichungen fehlt oft derjenige, der sagt, „vertraut mir, ich tue und im Zweifel koordiniere ich auch alles, was zur Erledigung dieser Aufgabe nötig sein wird." Dann legen wir gerne auch mal alle gleichzeitig aus dem Blickwinkel unseres funktionalen Selbstverständnisses los und quälen uns mühsam durch Abstimmungsmeetings.

Ist uns das erst einmal bewusst, liegt die Lösung nahe: Bei jeder neuen Aufgabe, spätestens aber dann, wenn sich eine Aufgabe im Prozessdschungel verheddert hat, fragen wir uns, ob sie überhaupt ins Schema-„F" passt. Wenn ja, können wir zu Recht erwarten, dass die arbeitsteilige Bearbeitung blind funktionieren wird. Ab in die Prozessmaschine, jeder im Haus weiß, was er zu erwarten, zu tun und abzuliefern hat.

Erkennen wir die Aufgabe hingegen als noch-nicht-da-gewesen oder anders als normal und nicht von uns alleine zu lösen, dann halten wir an und überlegen, wie wir sie angehen wollen. Dann verzichten wir auf die Prozessma-schine und suchen uns eine zur Aufgabe passende Indivi-duallösung. Auch wenn das zunächst etwas mühsamer scheint: Es ist viel weniger mühsam, als das, was wir üb-licherweise veranstalten, wenn eine Sonderaufgabe erst einmal im Prozess stecken geblieben ist und wir versu-chen, sie immer wieder weiterzupressen. Und wenn wir ehrlich sind, ist *eine* gelöste Sonderaufgabe auch viel beglückender als *einhundert* bekannte Prozesswieder-holungen, die uns nicht wirklich gefordert haben.

Die dunkle Macht

In der Menschheitsgeschichte hat sich die Spezialisierung auf bestimmte Aufgaben als wesentliche Triebfeder für den Fortschritt erwiesen. Gleiches gilt für die Kombina-tion funktionaler Spezialisierungen im Rahmen von tay-loristisch organisierten Industriebetrieben. Vom Erfolg betört, entstand hieraus die Aufgabenspezialisierung, zu-nächst mit festen Arbeitsplätzen in der Produktion, später auch in den Verwaltungsbereichen („Kreditoren A-E").

Aufgabenspezialisierung erkennt man in großen Unter-nehmen an Stellen, Job-Bezeichnungen und festen Auf-gabengebieten. Manchmal tritt sie auch in Form hierar-chischer Spezialisierung auf, wenn stets die „wichtigsten" Mitarbeiter die wichtigsten Aufgaben selbst übernehmen. In kleineren Betrieben bildet sie sich faktisch aus, wenn Aufgaben - meist unter Zeitdruck - so verteilt werden, dass sie schnell und sicher erledigt werden. Dann fragen wir uns, „wer kann das wohl am besten machen?", statt „wer hat Zeit?" Im Normalfall fällt dann die Wahl auf den, der es bereits am häufigsten getan hat oder der wegen seiner Hilfsbereitschaft immer dazu bereit ist. Und so bildet er mit der Zeit eine kleine, feine Aufgabenspezialisierung aus.

Verstärkt wird die betriebliche Bequemlichkeit durch das Interesse des Mitarbeiters, der mit der Spezialisierung unverzichtbar wird, was ihm Anerkennung, das Gefühl hoher Arbeitsplatzsicherheit und beste Voraussetzungen für das nächste Gehaltsgespräch verschafft.

Bei aller Effizienz hat unser natürliches Streben nach Spezialisierung eine dunkle Seite. Abgesehen davon, dass starke Spezialisierung die Kreativität hemmt und Unaufmerksamkeit befördert, weil wir immer dieselben Handlungen in einem bekannten Lösungsraum abfragen, ist *jede* Spezialisierung *immer* mit der Tatsache verbunden, dass die vorhandene Kapazität weniger flexibel ist und nur noch zufällig mit dem Arbeitsanfall übereinstimt, womit das Kapazitätsrisiko steigt. Der Spezialist wird dabei desto mehr zum Engpass, je stärker seine Spezialisierung ausgeprägt ist. Der betriebliche Durchsatz dreht sich am Ende allein um seine Anwesenheit und Arbeitsbereitschaft.

Die Folgen können wir besonders gut da beobachten, wo sich das Denken und Handeln der Führungskräfte ausschließlich darum dreht, wer wann wieviel zu tun haben wird, und wo Kapazitätsplanung in der Form versucht wird, dass Aufgaben Wochen im Voraus bestimmten Mitarbeitern namentlich zugeordnet werden („Push-Planung"). Ein hoffnungsloses, verschwenderisches Unterfangen, insbesondere bei kreativer Denkarbeit, die einem gewissen Grad der Überraschung unterliegt. Jede neue Wendung, jede Verzögerung, spätestens aber die unerwartete Krankheit des eingeplanten Kollegen wirft unsere Planung über den Haufen.

Eine moderne Arbeitsorganisation nach Lean Prinzipien vermeidet deshalb übermäßige Spezialisierung und organisiert die Aufgabenverteilung nach dem Pull-Prinzip. Die klassische Einsatzplanung wird von einer globalen Kapazitätsvorschau abgelöst. Die hereinkommenden Aufgaben werden entweder direkt im Kalender verankert oder in einem gemeinsamen Arbeitsvorrat geführt, aus dem sich die Mitarbeiter mit möglichst homogenen Fähigkeiten nach der jeweiligen Dringlichkeit der Aufgaben bedienen. Diese Organisationsform ermöglicht die Durchsatzmaximierung und kürzeste Lieferzeiten durch Anwendung des Hafenmeisterprinzips. Die Mitarbeiter werden nur noch daran gemessen, welche Aufgaben mit welchen geplanten Arbeitswerten sie erledigt haben.

In jedem Fall strebt die Lean-Führungskraft innerhalb der vorhandenen funktionalen Spezialisierung nach dem breitestmöglichen Spektrum der Könnerschaft. Wie das geht, können wir uns bei Handwerksbetrieben abschauen: Handwerker kennen die dunkle Macht der Spezialisierung und vermeiden sie naturgemäß. Es gibt nur eine Unterscheidung in Lehrlinge und Gesellen, die solange im Team zusammenarbeiten, bis der Lehrling seine Könnerschaft zu einem Grad entwickelt hat, der es ihm erlaubt, alleine mit einem neuen Lehrling zum Kunden zu gehen. Auf diese Weise müssen Handwerker nur noch die Zahl der vergleichbar ausgebildeten Gesellen mit dem Arbeitsanfall synchronisieren. Das scheint uns zwar als Kunden auf den ersten Blick nicht immer effizient, aber wie würden wir erst schauen, wenn ein Vier-Mann-Team für die Heizungsmodernisierung anrücken würde, bestehend aus Teamleiter, Klempner, Maurer und Elektronikspezialisten?

Insbesondere bei der Organisation von Denkarbeit ist es aufgrund der notwendigen kreativen Komponente und der erforderlichen Kapazitätsflexibilität lohnend, sich tiefer mit der Aufgabenverteilung im Team zu beschäftigen. Die Lean-Optimierung wird nur dann vollends gelingen, wenn wir uns von der dunklen Macht der Spezialisierung abwenden und auf Mitarbeiter mit breiter Könnerschaft bauen.

Zusammenspiel

Organisieren wir unsere Büros und Firmen, stehen die Produkte, Aufgaben oder die Firma selber im Mittelpunkt. Um diese herum versuchen wir möglichst ganzheitliche Lösungen zu finden. Entsprechend könnten wir auf die Idee kommen, auch für die Arbeit mit Informationen einen zentralen Arbeitsvorrat mit allen Aufgaben der Firma zu führen, um das große Ganze sicher zu steuern.

Dabei vergessen wir, dass die Aufgaben am Ende von Menschen erledigt werden. Sie haben persönliche Stärken, Interessen und Arbeitsvorräte, die die Bearbeitungsgeschwindigkeit sowie das tatsächlich vorhandene Kapazitätsangebot bestimmen. Damit müssen wir sie als führende Einheit betrachten, um die herum wir uns organisieren. Beauftragen wir beispielsweise Mitarbeiter Meyer, bis heute Abend eine Aufgabe zu erledigen, die etwa sieben Stunden dauern wird, können wir aus betrieblicher Sicht davon ausgehen, alles richtig gemacht zu haben. Ignorieren wir aber, dass zwischendurch der Kunde anrufen wird, Meyer bereits versprochen hat, sich noch um andere Aufgaben zu kümmern, oder er nachmittags noch einen Arzttermin hat, wird entweder ein Konflikt oder ein Verzug die Folge sein.

Ein vollständig integriertes - nach Möglichkeit IT-basiertes - Planungssystem müsste deshalb neben allen betrieblichen Haupt-, Neben- und Sonderaufgaben auch die halb-privaten, sozialen und privaten Aufgaben aller Mitarbeiter umfassen, die mit den betrieblichen Aufgaben um die verfügbare Zeit der Mitarbeiter konkurrieren. Das würde höchste integrative und datenschutzrechtliche Anforderungen stellen. Eine deterministische Planung müsste zudem aufgrund des hohen Überraschungspotentials regelmäßig aktualisiert werden und würde damit eine gewaltige Multitasking-Quelle darstellen.

Natürlich könnten wir auch lokal mehrere vollständige Action-Item-Listen oder Maßnahmenpläne führen. Das würde allerdings Verwaltungsaufwand verursachen, der bei vielen kleineren Aufgaben nicht wirtschaftlich wäre. Zudem würden wir damit nur unsere organisatorischen Mängel dokumentieren, denn wir brauchen sie nur dort, wo wir entweder nicht sicher sind, ob Aufgaben wirklich wirksam übertragen werden, oder wo wir Zweifel haben, dass sie vereinbarungsgemäß bearbeitet werden (können).

Deshalb fragen wir uns lieber, was wir *mindestens* organisieren müssen, um das reibungslose Zusammenspiel zu gewährleisten. Dabei können uns die Grundgedanken des Lean Management durchaus behilflich sein: Die gemeinsame Transparenz beschränken wir aus Gründen der Übersichtlichkeit auf die wesentlichen betrieblichen Hauptaufgaben, damit allen klar ist, welche generelle Priorität bestimmte Aufträge oder Projekte zueinander besitzen. Das erleichtert mittelbar die Priorisierung der dazugehörigen Teilaufgaben und Zulieferungen. Für alle Einzel- und Nebenaufgaben kümmern wir uns nur darum, sie bei ihrem Eintreffen zutreffend einzuschätzen, vollständig zu beschreiben und möglichst auf *direktem* Weg dem Arbeitsvorrat einer Gruppe von Mitarbeitern oder eines konkreten Mitarbeiters zuzuordnen, wo sie ohne weitere Rücksprache nach allgemeinen vereinbarten Regeln selbständig bearbeitet werden.

Erfolgt die Bearbeitung bestimmter gleichartiger Aufgaben durch eine Mitarbeitergruppe mit ähnlichem Erfahrungswissen (z.B. eine Abteilung), ist es wichtig, alle vorkommenden Aufgabenarten nach den Kriterien Dringlichkeit, Häufigkeit und Bearbeitungsdauer zu strukturieren und von jeweils hierfür reservierten Mitarbeitern bearbeiten zu lassen. Damit verhindern wir, dass ein Mitarbeiter mit einer längeren Projektaufgabe von dringlichen Aufgaben mit kurzer Lieferzeit unterbrochen wird.

Damit die Arbeit immer im Fluss bleibt und Wartezeiten vermieden werden, planen wir die Bearbeitungsdauern immer mit Puffer und legen fest, was zu tun ist, falls die Bearbeitung schneller abgeschlossen werden kann. Und wir organisieren Kapazitätsflexibilität, bestehend aus flexiblen Arbeitszeiten, dem Verzicht auf übermäßige Spezialisierung und dem Vorhalten von Reservekapazitäten für den Fall überraschender Entwicklungen. Denn schwankender Arbeitsanfall und Planabweichungen verschaffen dem passenden Kapazitätsangebot die entscheidende Rolle bei der Organisation von Denkarbeit: Ist es zu hoch, dehnt sich unsere Arbeit unnötig aus und wir werden Opfer von Parkinsons Law[7], ist es zu niedrig, verursacht der Engpass Rückstände, die am Ende für Unübersichtlichkeit, Hektik und Multitasking verantwortlich sind.

Viele Wege führen nach Rom

Jeden Tag treffen wir unzählige Entscheidungen. Im einfachsten Fall fragen wir uns, was etwas kostet, verglei-

---

[7] Das nach seinem Entdecker Cyril Northcote Parkinson benannte „Gesetz" besagt, dass sich Arbeit genau in dem Maße ausdehnt, wie Zeit für die Erledigung zur Verfügung steht, und nicht in dem Maße, wie komplex die Aufgabe tatsächlich ist.

chen die Preise und dann wählen wir den günstigeren aus. Zum Beispiel beim Einkaufen. In Firmen kommt erschwerend hinzu, dass neben unterschiedlichen Qualitäten auch Nebenkosten, Eigenleistungen und unterschiedliche Risikoprofile in die Berechnung einbezogen werden müssen.

In den Fällen, wo es darum geht, ob wir überhaupt für etwas Geld ausgeben oder nicht, fällt uns das Entscheiden schon schwerer, da der Gegenwert oft ideeller Natur ist oder wir den Nutzen schwer bewerten können. Zu diesem Zweck werden in Firmen ausschweifende Investitionsrechnungen oder Business Pläne erstellt und die erwarteten Vorteile meist kalkulatorisch bewertet. In nicht wenigen Fällen lösen sich viele der Annahmen nach dem getätigten Kauf in Luft auf. Geschenkt.

Viel schlimmer ist, dass wir die allermeisten unserer Entscheidungen überhaupt nicht bewusst wahrnehmen: Sie handeln davon, was wir wie als nächstes tun. Bei Denkarbeit bestimmen diese vielen Einzelentscheidungen den Gesamtaufwand zum Ziel und sind damit der entscheidende Kostenfaktor. Und dennoch verzichten wir fast immer darauf, bezogen auf unseren nächsten Schritt in Alternativen zu denken, die Wiederverwendung bestehender Arbeitsergebnisse oder verschiedene Herangehensweisen zu prüfen, die anzuwendende Sorgfalt, einzubeziehenden Kollegen oder Detailtiefe in verschiedenen Szenarien zu bewerten. Normalerweise handeln wir lieber intuitiv.

Das ist besonders bedrückend, weil Denkarbeit unzählige Variablen hat und es *immer* mehrere Alternativen gibt.

Selbst wenn wir uns bewusst im Team beraten, wie wir mit einer Kundenaufgabe oder einer Überraschung am besten umgehen wollen, stellen wir das von uns präferierte Vorgehen als optimal oder alternativlos dar und argumentieren singulär für diesen Weg. Die Mühe, eine gemeinsame Bewertung vorzunehmen, ersparen wir uns. Wir tauschen uns lieber auf Basis unserer jeweiligen Annahmen tendenziös über die jeweiligen Vorgehensweisen aus und wundern uns, dass wir uns nicht einigen können.

Dabei könnte es so einfach sein: Ist uns erst einmal bewusst, dass wir gerade eine Entscheidung treffen und machen wir uns die Mühe, die jeweils wesentlichen Parameter grob gemeinsam einzuschätzen, liegt in neun von zehn Fällen der richtige Weg auf der Hand, weil in den seltensten Fällen zwei vollständig bewertete Alternativen absolut gleichwertig sind.

Den Nebel lichten

Die effektive Steuerung *jeder* Art von Arbeit erfordert Planung. Im Produktionsumfeld erstellen wir hierfür Arbeitspläne, im Privatleben sagen wir beispielsweise „ich bringe die Kinder zur Musikschule und bin gegen 15:30 h zurück." Hier planen wir ganz selbstverständlich unsere Zeit, weil wir wissen, dass wir nur so alle Aktivitäten in unserem Tagesablauf unterbringen können und wir im Zweifel unsere Herangehensweise, unsere Sorgfalt oder Arbeitsqualität in Abhängigkeit der zur Verfügung stehenden Zeit variieren müssen.

Für betriebliche Denkarbeit gelten dieselben Grundsätze und Planung ist noch viel hilfreicher, weil unsere Aufgaben größer sind, länger dauern und sich die tatsächliche Dauer schlechter einschätzen lässt. Dennoch planen wir Denkarbeit in der Regel nicht, weil uns die Aufgaben zu klein, zu bekannt oder zu schwierig planbar erscheinen bzw. wir Planung an sich für ineffizient halten. Meist orientieren wir uns einfach daran, wie lange wir beim letzten Mal für eine vergleichbare Aufgabe gebraucht haben.

Manchmal ist es uns nur unangenehm, mit den Mitarbeitern detailliert darüber zu sprechen, weil wir wissen, dass die Dauer zur Erledigung einer Aufgabe von ihren Fähigkeiten abhängen kann oder sie unsere Nachfrage als Misstrauen werten. Oder weil sie uns mit etwas Geschick alles glaubhaft machen können. Oftmals blocken sie uns bereits damit aus, dass sie behaupten, sie haben für die Planung keine Zeit, wenn sie eine andere Aufgabe heute noch fertig bekommen und ohne Überstunden auskommen wollen.

Dafür zahlen wir am Ende einen hohen Preis, denn Denken ohne Planung führt am Ende immer dazu, dass die Dinge so lange brauchen, wie sie brauchen. Insbesondere wenn keine Folge- oder Alternativaufgaben drängen, schlägt Parkinsons Law zu und die Arbeit dehnt sich so weit aus, wie Zeit zur Verfügung steht. Ebenso schlimm ist das Studentensyndrom, gemäß dem wir vorne raus gemächlich vor uns hin werkeln, um dann irgendwann zu merken, dass die Zeit knapp wird. Dann beginnen wir uns zu überschlagen, mit entsprechender Auswirkung auf unsere Arbeitszeit und die Qualität unserer Arbeitsergebnisse.

Dass es doch und immer eine vage implizite Planung gibt und sich jeder Beteiligte seine Erwartungen bildet, merken wir daran, dass wir die beobachtete Dauer im Nachhinein kommentieren und Sätze sagen wie „oh, das ging ja schnell!" oder „warum bist Du noch nicht fertig?" Allerdings ist es dann meist zu spät und wir können die Denkarbeit in ihrem Verlauf nicht mehr beeinflussen.

Controlling ist in diesem Umfeld eine eher unbefriedigende Aufgabe und scheint bisweilen gar unmöglich. Entweder wir haben keine Referenzwerte, es ist nicht klar, wie die Messung überhaupt erfolgen kann oder wir finden das Controlling an sich ineffizient. Üblicherweise analysieren wir nur bei außergewöhnlichen Abweichungen den Stundenverbrauch, den wir allerdings mit etwas Zeitabstand als Ergebnis allen Denkens und aller Handlungen in einem Team unmöglich so erklären können, dass daraus ein Mehrwert entstünde. Zugegeben ist die Analyse überhaupt nur dann effizient, wenn wir für die Zukunft annähernd identische Denkaufgaben unter vergleichbaren Bedingungen erwarten.

Oftmals kommen wir gar nicht dazu, über wirkliche Ursachen wie fehlende Hilfe oder Informationen, Änderungen, Störungen oder die Korrektur von Fehlern zu sprechen, sondern verlieren uns in vordergründigen Schuldzuweisungen. Die Gespräche bekommen schnell einen rechtfertigenden Charakter und entsprechend ausgefeilt sind die Erläuterungen unserer Mitarbeiter. Das Ergebnis: dichter Nebel, null Sichtweite.

Wenn wir Denkarbeit steuern wollen, müssen wir die Reihenfolge umkehren: Statt im Nachhinein die verbrauchten Stunden zu analysieren, beginnt jede Denkaufgabe wie jede Handlung im Privatleben mit der Planung des Vorgehens und der erwarteten Dauer. Unsicherheiten bilden wir mit Korridorangaben („drei bis vier Stunden") ab oder wir schätzen den bestmöglichen Verlauf und addieren einen zusätzlichen Zeitpuffer.

Große Aufgaben wie „Produkt entwickeln", „Konzept erstellen" oder „Finanzierungsvertrag abschließen" zerlegen wir grob in überschaubare Einzelschritte mit jeweils einigen Stunden oder Tagen Dauer, die wir zur Gesamteinschätzung addieren. Damit haben wir im Nebeneffekt bereits grob unser Vorgehen durchdacht und die Wahrscheinlichkeit erhöht, in die richtige Richtung loszulaufen.

Bei der Planung sollte uns der Grundsatz leiten, dass wir insgesamt nur so viel Arbeitszeit investieren wollen, wie für die Zielerreichung erforderlich ist. Deshalb lohnt es sich durchaus, die erste Zeitschätzung und ihre Annahmen zu hinterfragen, um den optimalen Weg zu finden.

In einer „leanen" Arbeitsorganisation ermöglichen die Planwerte zudem die zutreffende Priorisierung aller Aufgaben, da wir die Dringlichkeit jeder Aufgabe als Funktion aus Lieferzeit, Zeitbedarf und Teamgröße bestimmen können.

Am wichtigsten ist jedoch, dass die fünf Prozent zusätzlich in die Planung investierte Zeit den Bearbeitern während der Leistungserbringung eine permanente Orientierung bieten. Sie können sich fragen „wie lange brauche ich noch?" und im Abgleich mit dem ursprünglich erwarteten Wert erkennen, ob Handlungsbedarf besteht, sie ihre Arbeit beschleunigen, ihr Vorgehen anpassen oder sich Hilfe beschaffen müssen.

Das Vorgehen funktioniert ebenso gut in der Zusammenarbeit mit Handwerkern und Dienstleistern, die ihren Aufwand nach Stunden abrechnen. Wenn wir sie bitten, ihren erwarteten Zeitbedarf vor Beginn jeder Aktivität abzuschätzen, was übrigens denselben Widerstand erzeugt wie innerbetrieblich, werden sie im stetigen Abgleich mit dem vereinbarten Wert ihre Leistungen deutlich bewusster und zielorientierter erbringen. Der tatsächliche Stundenverbrauch lässt sich auf diese Weise um bis zu 50% reduzieren.

Dies ist die einzige funktionierende Methode, den Nebel zu lichten und Denkarbeit tatsächlich zu steuern.

Wie wir zu Könnern werden

Wenn wir eine Aufgabe übernehmen, ist unser Ziel, sie erfolgreich zu bewältigen. Dafür müssen wir zunächst über bestimmtes Wissen verfügen. Das reicht aber nicht. Erst wenn wir in der Lage sind, das richtige Wissen im richtigen Moment passend einzusetzen, verfügen wir über das Können, die Aufgabe zu lösen.

Den Unterschied kann man vielleicht ganz gut am Beispiel Autofahren erklären: Als neugierige Kinder haben uns unsere Eltern erklärt, dass man mit dem einen Pedal bremst, mit dem anderen Gas gibt und das dritte Treten muss, um den Gang zu wechseln. Das wussten wir also ab diesem Tag. Als wir dann später unseren Führerschein gemacht, haben wir gemerkt, dass uns erst das Üben und richtige Anwenden unseres Wissens, wofür die Pedale da sind, ermöglicht haben, wirklich Auto zu fahren.

Wissen ist also die Grundlage für Können. Zum Wissenserwerb bzw. zur Wissensweitergabe in Unternehmen gibt es zwei gängige Lösungen: Einarbeitung eines Nachfolgers und Schulung. Aber sind Schulungen effizient? Vermeintlich ja, schließlich hören ganz viele Zuhörer einem einzigen Lehrer zu, Wissen wird multipliziert. Wir behaupten: Sie sind weder effektiv noch effizient.

Dafür müssen wir uns einfach nur anschauen, wie wir im Privatleben Können erwerben: Wenn wir ein neues Elektrogerät kaufen, würden wir nicht auf die Idee kommen, vorab beim Hersteller eine zweitägige Schulung zu buchen, um das Gerät nach dem Erwerb richtig bedienen zu können. Wir würden dafür kein Geld ausgeben wollen, schließlich finden wir bei Youtube garantiert ein Tutorial. Auch wäre uns unsere Zeit für ein ausführliches „Trockenschwimmen" zu schade.

Wie machen wir das dann? Entweder, das Gerät ist so intuitiv zu bedienen, dass wir es einfach mal ausprobieren und schauen, was beim Drücken auf den einen oder anderen Knopf passiert, oder wir arbeiten uns mit dem Gerät in der einen und der Anleitung in der anderen Hand durch die einzelnen Funktionen (wo ist der An-/Ausknopf? Wo ist Start? Usw. usw.), bei Bedarf lesen wir also die konkrete Frage gezielt in der Anleitung nach und probieren die Funktion aus, bis wir sie sicher anwenden können.

Beherrschen wir die Grundfunktionen, wollen wir herausfinden, was das Gerät noch alles kann. Auch dann erarbeiten wir uns Funktion für Funktion und gehen erst weiter, wenn wir die Funktion ein paarmal korrekt angewendet haben. Dass dieses langsame schrittweise Vorgehen effektiv ist, merken wir dann, wenn wir zwar von einer Funktion gelesen haben, uns nach drei Tagen aber nicht mehr erinnern, wie das nochmal genau ging, weil wir die Tastenkombination nicht wirklich angewendet haben.

Was sind also die Merkmale effizienter Wissensaufnahme? Oft sind wir bereits erfolgreich, wenn wir etwas einfach ausprobieren. Damit sollten wir immer erst einmal beginnen. Klappt das nicht, brauchen wir jemanden, den wir fragen können. Denn wir sind immer in dem Moment besonders interessiert und aufnahmebereit, Wissen zu erwerben, in dem wir es brauchen, d.h. auch direkt anwenden und in Können überführen. Wissen sollte zudem immer individuell vermittelt werden, denn niemals stehen mehrere Personen gleichzeitig mit exakt demselben Wissensstand vor derselben Aufgabe und brauchen dieselbe Zeitspanne, um das Wissen zu verinnerlichen und anzuwenden.

Viel besser gehen wir mit der Einarbeitung neuer Mitarbeiter um. Die gängigste Methode nennen die Personaler „Training on the Job", was bedeutet, dass wir nach einer Mindesteinweisung ins kalte Wasser springen und die Kollegen immer dann um Hilfe bitten, wenn wir auf ein konkretes Problem stoßen. Wir fühlen uns dann zwar extrem unsicher, weil wir nicht wissen, ob wir erfolgreich sein werden, aber dieses Vorgehen stellt sicher, dass es kein langweiliges Trockenschwimmen gibt und wir nichts erzählt bekommen, was wir im nächsten Anwendungsfall bereits wieder vergessen haben.

Voraussetzung ist, dass wir unsere Fragen in dem Moment stellen, in dem wir sie haben, und wir Kollegen finden, die bereit sind, uns zu helfen. Dann wenden wir das Gehörte direkt erfolgreich an und können tatsächlich etwas mehr als zuvor.

Wollen wir uns als Firma verbessern, kümmern wir uns aktiv darum, die Zahl derer, die eine bestimmte Art von Aufgaben lösen können, zu vergrößern. Das bedeutet, regelmäßig Aufgaben jemandem zu übertragen, der noch nicht über das erforderliche Können verfügt, und einen Unterstützer zu benennen, der ihm hilft. Auf diese Weise steigern wir täglich unsere Kapazitätsflexibilität und zudem unser Innovationspotential: Schließlich hat der neue Mitarbeiter neue Ideen, wählt für sich vielleicht ein anderes Vorgehen und findet dabei kürzere Wege zum Ziel.

Innovation hat viele Väter

Wie oft haben wir das? „Ich war es, ich war es!" denkt oder ruft einer und läuft mit stolz geschwellter Brust durch die Firma. Alternativ wird gerne auch reklamiert „das war meine Idee!"

Das ist wie bei Fußballkindern in der F-Jugend: „Papa, ich habe heute die meisten Tore geschossen!" „Aha, na toll", sagen wir dann gequält und versuchen umständlich zu erklären, dass ein guter Pass wichtiger ist und es beim Fußball eigentlich nur darum geht, den Ball am Ende ins gegnerische Netz zu befördern, und nicht darum, *wer* das Tor geschossen hat.

Das sind die Grundlagen des Teamworks. Dennoch beanspruchen wir im echten Leben immer wieder die geistige Vaterschaft für eine Idee oder ein Ereignis. Vermutlich, weil das ein greifbares Resultat mit unserer Person verbindet und wir uns damit persönliche Anerkennung verschaffen. Das ist zwar menschlich, aber für unseren gemeinsamen Erfolg nicht optimal. Denn wir fokussieren uns auf die Vaterschaft des sichtbaren Ergebnisses und gehen dabei oft dieselben Wege und erwarten neue Ideen gerne von denen, die sich - oft allein und spezialisiert - seit zig Jahren mit einem Thema beschäftigen. Auf den Punkt gebracht mit dem Ausspruch: „Diese Lösung ist das Beste, was mir in siebzehn Jahren eingefallen ist."

Das ist schade, denn gute Ideen, Innovationen und Lösungen für anspruchsvolle Probleme sind immer das Ergebnis von Teamwork, wie Steven Johnson in seinem Buch *Wo gute Ideen herkommen*[8] eindrücklich darlegt. Wenn es darum geht, das Nächstmögliche und noch nicht Bekannte zu erkunden, müssen wir Informationen frei fließen lassen und uns austauschen. Meist kommt dann aus einer unerwarteten Ecke das fehlende Puzzlesteinchen, es macht klick und irgendwer kombiniert a und b zu etwas Neuem.

Und wer ist dann der Held? Der mit dem neuen Puzzlestein, das er in den Raum stellt, ohne sich seiner Bedeutung schon bewusst zu sein? Der, bei dem sich zufällig eine neue Verschaltung im Gehirn bildet? Ganz klar: Weder noch!

Die betrieblichen Helden sind diejenigen, die die Voraussetzungen schaffen, dass diese (meist zufälligen) Ereignisse überhaupt eintreten können, die betrieblichen „Ermöglicher". Die, die sich auf neuen Wegen Hilfe beschaffen, Austausch organisieren, Ideen diskutieren, dafür sorgen, dass etwas Neues ausprobiert wird und damit am Ende den Weg dafür bereiten, dass morgen irgendetwas anders ist als heute. Damit sollten wir für unseren gemeinsamen Erfolg die besten Ideen jenseits von bekannten Zuständigkeiten suchen. Bewusst den Kreis der Beteiligten größer ziehen, Fragen in die Runde stellen oder ein neues Vorgehen mit den Kollegen diskutieren. Dann sind wir Ermöglicher und am Ende die wahren Väter des Erfolges.

---

[8] Johnson, Steven, Wo gute Ideen herkommen, SCOVENTA, 2013

Kapitel 4

Denkarbeit

optimieren

Denken verbraucht das Gehirn

Warum fällt uns Veränderung so schwer? Und das, obwohl wir uns in vielen größeren Betrieben und Kanzleien eine Unzahl von Gewohnheiten und Management-Marotten zugelegt haben, die uns als Beobachter oder Mitarbeiter nur noch den Kopf schütteln lassen. Auch kleinere Unternehmen werden seitens ihrer Hausbanken oder Geschäftspartner mit einigen dieser Gepflogenheiten konfrontiert. Und das alles, weil es ein verbreitetes Verständnis darüber gibt, was man in der heutigen Zeit in einer Firma gemeinhin tun müsse, um erfolgreich zu sein.

Die Managementvordenker unserer Zeit analysieren die systemischen Missstände und raten zur Umkehr. Und obwohl wir ihnen insgeheim Recht geben, tut sich...? Nichts, genau. Woran liegt das? Vielleicht daran, dass sie nur verschiedene Systeme miteinander vergleichen: Die vorherrschende Realität mit ihrem Ansatz, wie es viel besser ginge. Toll, denken wir sehnsüchtig, das wäre - verglichen mit heute - wirklich das Paradies. Aber die entscheidende Frage beantworten sie nicht: Wie kommen wir von der gewohnten, ebenso verbreiteten wie verqueren Art, in Firmen, Kanzleien und Praxen miteinander umzugehen, zum jeweiligen Zielzustand? Und vor allem: Wer fängt an?

Die nächstliegende Antwort: Der Chef. Aber wie sieht es um ihn herum aus? Was erwarten seine (Mit-)Eigentümer, Aufsichtsräte, Mitarbeiter, Unternehmerkollegen und Banker von ihm? Auch er ist am Ende Teil eines

Interessengeflechtes, das es ihm nicht leicht macht, von heute auf morgen gegen den Strom zu schwimmen, ohne aus Sicht seiner Stakeholder seine Glaubwürdigkeit oder gar die Sicherheit der Firma zu gefährden.

Wenn wir also nicht darauf warten wollen, dass plötzlich eine neue paradiesische Managementwelle über uns kommt oder unser Chef in Bermuda-Shorts vor die Belegschaft tritt und Handstand macht, was können wir dann tun? Eigentlich nur eins: Anfangen. Und zwar nicht damit, zur Verwunderung unserer Kollegen von neuen Systemen zu schwärmen und ihnen Tipps zu geben, wie sie sich ab sofort zu verhalten hätten, sondern unser eigenes Arbeitsverhalten zu verändern und als Vorbild unsere Umwelt neugierig zu machen.

Denn unser Arbeitsverhalten ist das einzige, was wir zu 100% unter Kontrolle haben. Zumindest theoretisch. Und doch scheuen wir den ersten Schritt. Selbst wenn wir unzufrieden sind und uns Veränderungen wünschen, verkünden wir, „das mache ich, wenn ich Zeit dafür finde." Oder: „Das mache ich ordentlich und nehme mir richtig Zeit dafür." Derartige Aussagen sind tödliche Hürden für jede Veränderung. Denn solange wir uns - mit Trilliarden von Anforderungen und Impulsen bombardiert - im Sumpf unserer unbewussten Gewohnheiten treiben lassen, werden wir kaum Zeit finden, uns mal ordentlich Zeit zu nehmen.

Vielleicht scheuen wir die Anstrengung, die mit der erforderlichen Portion Denkarbeit verbunden ist. Weil wir uns sorgen, wir könnten mit Denken unser Gehirn verbrauchen, wie ein Graffiti in Bamberg scherzhaft tief-gründig behauptet.

Bleibt als ernsthaftes Hemmnis nur die Angst, unseren perfektionistischen Ansprüchen an uns selbst nicht gerecht zu werden. Sie können wir beherrschen, indem wir uns nur kleine Freiräume nehmen und erste Dinge verändern, und zwar jetzt und heute. Eine einzelne Idee umsetzen und in unser Arbeitsverhalten integrieren, um dann, vom Erfolg bestärkt, die nächste Kleinigkeit anzugehen.

Vielleicht fürchten wir uns ja auch davor, mit unserer Verhaltensänderung Sicherheit aufzugeben, in unserem Umfeld Konflikte zu erzeugen oder gar zum Außenseiter zu werden. Das kann schon sein, aber es muss uns klar sein, dass wir die Vorteile unseres bisherigen unbewusst-konformistischen Verhaltens mit unserer Arbeitszufriedenheit bezahlen. Fangen wir doch einfach mal an und probieren etwas Neues aus. Vielleicht finden es unsere Kollegen und Chefs ganz toll, dass wir plötzlich verlässlich gute Ergebnisse produzieren, und eifern uns nach.

Big Bang

Oft tolerieren wir das Treiben um uns herum, bis eines Tages das Glas überläuft und wir uns sicher sind: Wir müssen unsere Organisation ändern. Und wenn schon, dann bitte richtig. Wir denken uns vom großen Ganzen her kommend Projekte aus, um die Firma wieder ins Paradies zu führen. Nicht selten rät dann ein Berater, uns auf bestimmte Themengebiete zu beschränken. Oder uns verlässt mit dem wachsenden Widerstand aus den eigenen Reihen ein stückweit der Mut. Dennoch starten wir ein Projekt und nehmen uns richtig was vor, auch wenn wir wissen, dass die Wahrscheinlichkeit, nicht jeden Beteiligten im notwendigen Maß zu erreichen, steigt, je größer wir unsere Ansprüche formulieren.

Wenn wir Denkarbeit optimieren wollen, wird es doppelt schwierig, geht es doch nicht nur darum, neue Regeln zu erzeugen oder Prozesse und das ERP-System zu verändern, sondern darum, nicht beobachtbares Verhalten oder sogar Kommunikationsgewohnheiten nachhaltig zu verändern. Oftmals sprechen wir dann nicht nur über „was" wir tun, sondern auch darüber, „wie" wir miteinander umgehen. Erst beide Komponenten zusammen führen zu erfolgreicher Zusammenarbeit.

Insgesamt messen wir dem „Wie" bei unserer Arbeit eine viel zu geringe Bedeutung bei. Nehmen wir das Beispiel einer Führungskraft, die sich isoliert fühlt und deshalb nicht die erwarteten Ergebnisse liefert. Selbst wenn diese Person nach objektiver Einschätzung die richtigen Ziele verfolgt und Maßnahmen vorschlägt („was"), kann es sein, dass ihr kein Gehör geschenkt wird. Oft pflegen die Beteiligten Vorurteile oder haben nach gescheiterten Interaktionen Blockaden aufgebaut, die dazu führen, dass sie immer wieder auf dieselbe Weise miteinander umgehen („wie"), um sich dann in ihrem jeweiligen Urteil über den anderen bestätigt zu fühlen. Eine solche Situation können wir nur nachhaltig auflösen, wenn mindestens eine Seite ihr Verhalten ändert. Spätestens jetzt wird klar, dass so ein Veränderungsprojekt ganz schön anstrengend und intim werden kann oder eine Mediation erfordern kann.

Versuchen wir gar, mit der Optimierung einen Personalabbau zu erreichen und dieselbe Arbeit über weniger Schreibtische zu drücken, besteht das Risiko, dass unsere Mitarbeiter nur vorgeblich mitziehen und erleichtert aufatmen, wenn der Zauber vorbei ist. Aber selbst dann, wenn wir mit der Veränderung oberflächlich erfolgreich sind, kann es sein, dass wir die Arbeitslast nicht exakt im erforderlichen Maß reduziert haben. Dann erhöhen wir das Risiko deutlich, versteckte Engpässe erzeugt zu haben, die uns mit einigem zeitlichen Abstand ganz schön auf Trab bringen werden.

Das gilt insbesondere dann, wenn wir Personal abbauen, bevor wir überhaupt mit der Veränderung beginnen. Dann schaffen wir zwar das Bewusstsein dafür, dass ein Teil der bisherigen Aktivitäten anders erledigt oder gar unterlassen werden muss, aber die Engpassbombe tickt und der Wettlauf mit der Zeit hat begonnen. Leider werden die Zusammenhänge zwischen dieser Art Kostensenkung und der daraus resultierenden Verschwendung nie wirklich transparent.

Insgesamt können große Veränderungsprojekte in Denkbetrieben sehr erfolgreich sein. Wir tun aber gut daran, die Implikationen nicht zu unterschätzen und erhöhen insgesamt unsere Erfolgswahrscheinlichkeit, wenn wir die, deren Verhalten wir zu verändern versuchen, und ihr

Bedürfnis nach Sicherheit und Anerkennung und damit ihre Motivation im Auge behalten.

Nutze den Tag

Man hört schon einmal die Frage: Warum müssen wir eigentlich dauernd etwas verbessern? Funktioniert doch. Und bei all der Arbeit und all den Krisen, um die wir uns kümmern müssen, haben wir auch gar keine Zeit dafür.

Als geborene Gewohnheitstiere stehen wir Veränderungen naturgemäß eher skeptisch gegenüber. Gewohnheiten sparen Energie und sind deshalb extrem effizient. Allerdings müssen geübte Vorgehensweisen nicht mehr optimal sein, wenn sich in der Zwischenzeit die Bedingungen geändert haben. Aus diesem Grund schauen wir regelmäßig in die Tageszeitung, um zu erfahren, was es Neues gibt. Analog überprüfen wir in der Firma permanent unsere Arbeitsumgebung und Aufgaben, um zu erkennen, ob sich was geändert hat und es einfachere oder zuverlässigere Wege gibt, unsere Ziele zu erreichen. Falls die Antwort ja ist, gleichen wir unsere Wahrnehmungen ab, finden ein gemeinsames Verständnis über das „Warum", suchen neue Vorgehensweisen und üben sie ein.

Soweit die Theorie. Meist entstammt aber die betriebliche Optimierungsaktivität nicht veränderten Bedingungen und der tiefgründigen Analyse, sondern erlebten Krisen. Dann setzen wir uns zusammen, reden im Führungskreis über dringend notwendige Aktivitäten, fassen einen Beschluss, wer was zu tun habe, gefolgt von dem Appell, das Verhalten doch bitte zu ändern, garniert mit dem Universal-Antreiber „a.s.a.p.".

Dass unsere Chefzimmer-Analyse oft nur an der Oberfläche kratzt oder taktisch gelenkt ist und persönliche Animositäten als Ursache ausblendet, erhöht nicht wirklich die Erfolgsaussichten. Tatsächlich erkennen wir die Untauglichkeit unserer organisatorischen Nadelstiche daran, dass unser System dank des weiterhin unveränderten Verhaltens dieselben Ergebnisse produziert wie zuvor.

Deshalb verlagern wir die Veränderungsarbeit im Idealfall so nah wie möglich an die Realität und erarbeiten die Lösungen zusammen mit den Protagonisten. Wir gewinnen sie für die Verhaltensänderung, indem wir unsere Argumentation auf die Relevanz der Änderung für ihre Arbeitsergebnisse, ihre Arbeitszufriedenheit und ihre Anerkennung im Team gründen und den gemeinsamen sicheren Weg in die Zukunft aufzeigen.

Grundsätzlich fokussieren wir uns immer auf einzelne Missstände oder Zeitfresser und Einzelmaßnahmen. Damit bleibt das Handlungsfeld übersichtlich, die Aufgabe scheint leichter zu bewältigen und wir reduzieren das Risiko der Überforderung, nach dem Motto: One step at a time.

Wir beginnen mit einer tiefgründigen Analyse, die mit der 5-W-Methode[9] zu den wahren Ursachen des Problems vordringt. Damit stellen wir sicher, dass Realität und Problem am Ende tatsächlich zur Maßnahme passen.

Um die Wirksamkeit der Veränderung zu verfolgen, legen wir Messgrößen fest, die direkt Aufschluss über das geänderte Verhalten geben. Das sind in der Regel keine Ergebnisgrößen, wie „höherer Umsatz", „mehr Auftragseingang" oder „geringere Kosten", sondern Größen, die direkt das Verhalten abbilden, z.B. „zusätzlich abgerechnete Stunden", „Anzahl Kundenbesuche" oder „Anzahl gelöste Aufgaben". Im Anschluss begleiten wir die Wirksamkeit der Veränderung in Gesprächen, beobachten die direkten Kennzahlen und schärfen die neue Vorgehensweise im Abweichungsfall nach.

In diesem Paket haben wir beste Voraussetzungen für wirksame Veränderungen und verschaffen gleichzeitig den beteiligten Kollegen ein Stück weit Anerkennung für *ihre* erfolgreiche Veränderungsarbeit.

---

[9] Die 5-Warum-Methode zielt darauf, bis zur wirklichen Ursache durchzudringen, indem wir hartnäckig nachfragen. Jedes Mal, wenn auf die Warum-Frage eine Antwort erfolgt, hinterfragen wir sie mit einer erneuten Warum-Formulierung. So dringen wir schrittweise immer tiefer bis zur eigentlichen Ursache des Problems vor.

Bis dass der Schlendrian uns scheidet

Gerade wenn wir zu verstehen glauben, wie es gehen könnte, beginnt der beschwerlichste Teil unseres Weges, die Umsetzung. Da es bei der Optimierung von Denkarbeit ganz überwiegend um die Veränderung von Verhalten geht, verpuffen Appelle ebenso wirkungslos wie Anordnungen von oben. Ihnen geht es wie den allermeisten unserer guten Vorsätze zu Sylvester: Sie sind am Tag darauf bereits Geschichte.

Auch davon, dass wir unsere Begeisterung weitertragen und andere offensichtlich damit anstecken, haben wir noch nichts gewonnen. Erst wenn sie beginnen, uns auf unserem Weg zu folgen, zaghafte erste Schritte machen und eigene Erfolge feiern, ist die Saat gesät.

Selbst dann lauern noch mehrere Fallen auf uns: Auch wenn einer unserer Mitarbeiter sich offen auf ein neues Verhalten einlässt, es einübt und anwendet, muss das nicht heißen, dass die Umsetzung und Anwendung bei seinen Kollegen ebenso reibungslos verlaufen wird. Jeder ist deshalb je nach seinen Stärken, seinen Schwerpunkten und seinen Interessen individuell zu betrachten und zu behandeln. Das erfordert eine hohe Variabilität unseres Vorgehens.

Da nichts so beharrlich ist, wie menschliche Gewohnheit und nichts so sehr unsere Aufmerksamkeitsschwelle absenkt wie Wiederholung und Bekanntheit, schleichen sich bereits nach kurzer Zeit Nachlässigkeiten ein. Erst einzelne, dann nehmen wir Abkürzungen, vereinfachen hier und da oder lassen einfach mal etwas weg. Wenn daraufhin nichts passiert, halten wir es automatisch für entbehrlich. Und ehe wir uns versehen, entspricht das neue Verhalten, wie wir es tatsächlich leben, wieder überwiegend den überwunden geglaubten Vorgehensweisen.

Wie mächtig Nachlässigkeiten sind, erkennen wir an den spektakulären Gerichtsverfahren nach großen Katastrophen. In der Regel haben wir es mit ausgeklügelten Vorschriften und redundanten Sicherheitssystemen zu tun, bei denen erst die Unaufmerksamkeiten mehrerer Personen oder mehrere unterlassene Handlungen in Kombination dazu führen, dass das Unglück möglich wird. Es heißt dann gerne, es sei vermeidbar gewesen, wenn, ja wenn nur alle oder alle bis auf einen bei der zigsten Wiederholung bekannter Routinen aufmerksam gewesen wären.

Nachhaltigkeitsmanagement ist deshalb eine Daueraufgabe, die ebenso geplant sein will, wie die vorangegangene Einführung selber. Kern ist eine Schutzzone mit motivierendem Zuspruch in der Übergangsphase, begleitet von der regelmäßigen Beobachtung, ob das neue Verhalten noch angewandt wird, sowie ein gezieltes Abwechslungstraining in der Phase, in der die Aufmerksamkeit nachzulassen beginnt. Ob wir das in Form von Notfallübungen, Stichprobenprüfungen oder Mitarbeitergesprächen tun, legen wir situativ fest.

Als ständiger Begleiter nehmen wir Auslassungen und Abkürzungen bewusst wahr und sprechen die jeweilige Relevanz aktiv an, wenn wir daraus Gefahren erwarten.

Meist trifft die nachhaltige Begleitung mit nachfolgenden Veränderungsprojekten und weiteren Änderungen zusammen, weshalb wir täglich darauf achten, dass allen Anpassungen dieselbe Aufmerksamkeit zuteilwird. Veränderungen gehören deshalb gut dosiert. Sonst haben wir am Ende unsere Energie doch umsonst investiert und es heißt, „bis dass der Schlendrian uns scheidet."

Nachwort

Marie von Ebner Eschenbach meinte einst: „Müde macht uns die Arbeit, die wir liegenlassen, nicht die, die wir tun." Mit unpassenden organisatorischen Lösungen und unserer eigenen Achtlosigkeit produzieren wir Aufgabenberge, die unseren klaren Blick trüben und uns den Spaß an der Arbeit nehmen.

Wollen wir unsere eigene Ermüdung reduzieren und unsere Büros für die Zukunft fit machen, beschäftigen wir uns mit den organisatorischen Kernthemen Orientierung und Können und finden die passenden Lösungen für unsere Denkarbeit. Wir lassen uns nicht von dem verlocken, was andere tun, drängen industrielle Organisationsmuster zurück und verschaffen dem gesunden Menschenverstand insgesamt wieder mehr Raum. Und achten darauf, mit unseren Kollegen diszipliniert und zielorientiert zu kommunizieren und zusammenzuarbeiten. Was wiederum mühsam einzuübende Verhaltensänderungen und ständige Aufmerksamkeit erfordert.

Zugegeben, das ist anstrengend. Im Ergebnis werden wir aber die Verschwendung aus unseren Büros verbannen und uns damit einen Wettbewerbsvorteil verschaffen. Doch machen wir uns nichts vor: Mit jedem Wachstum, jedem neuen Kollegen und jeder neuen Aufgabe beginnt die Arbeit ein Stück weit von neuem.

Wenn wir uns trotzdem nicht davon abhalten lassen, noch heute mit der Veränderung zu beginnen und etwas anders zu machen als gestern, sind wir tatsächlich schon auf dem Weg.

Auf diesem wünschen wir den Lesern viel Erfolg!

Der Autor

Ingo Körner ist Diplom-Kaufmann und Executive MBA in Business Engineering (HSG). Seit über 20 Jahren ist er in verschiedenen Funktionen im Maschinenbau tätig, jeweils mit organisatorischem Schwerpunkt und großem Gestaltungswillen, in den letzten neun Jahren im Projektgeschäft des Sondermaschinen- und Anlagenbaus, seit 2012 als Geschäftsführer.

Gemeinsam mit Jörg Högemann entwickelte er seit 2008 ein speziell auf Denkarbeit zugeschnittenes Instrumentarium zur Lean Office Optimierung, das sie immer weiter verfeinern und erfolgreich anwenden.

Jörg Högemann ist Gründer und Geschäftsführer der einfach.effizient. Unternehmensberatung und berät mit seinem Team schwerpunktmäßig Denkbetriebe aller Größen und Branchen rund um Themen der Lean Office Optimierung (www.einfacheffizient-beratung.de).

Zeitfracht Medien GmbH
Ferdinand-Jühlke-Straße 7
99095 Erfurt, Deutschland
produktsicherheit@kolibri360.de